日本比較法研究所翻訳叢書
84

ニールス・ペーターゼン教授講演集
公法における比例原則と家族法におけるヨーロッパ人権条約の機能

ニールス・ペーターゼン
フェリックス・フシャール
著

柴田憲司／徳本広孝
鈴木博人／小野寺邦広 訳

Das Verhältnismäßigkeitsprinzip
im Öffentliches Recht und die Funktion
von der Europäischen Konvention
im Familienrecht

Vom
Niels Petersen
Felix Fouchard

中央大学出版部

装幀　道吉　剛

ニールス・ペーターゼン教授近影

著者まえがき

　私は、2018年の秋に中央大学に滞在し、非常に多くの刺激を受けることができたが、本書に収録されている論稿の多くは、この間に、私が行った講演がもとになっている。これらの講演は、どれも、多くの点において、最近の私の研究における中心テーマを反映している。前半の二つは、私の教授資格取得論文のテーマであった比例原則、そして、後半の二つはヨーロッパ人権条約（EMRK）である。

　第1章の論稿のテーマは憲法における比例原則である。これは、私がドイツ憲法判例研究会会員の方々の参加をえて行った講演がもとになっている。この講演において私は、比較衡量についてのドイツ連邦憲法裁判所諸判例の状況を実証的に分析し、同裁判所は――何人かの批判者の主張とは異なり――比較衡量に際して、少なくとも法律の憲法適合性の審査の場合には、自制的であるということを明らかにした。比例原則についての第2章の論稿は――この論稿は私の助手のフェリックス・フシャール（Felix Fouchard）との共著であるが――、教科書的解説に重点が置かれたものであるが、行政法における比例原則を取り扱っている。

　ヨーロッパ人権条約についての第3章の論稿は、ドイツ家族法にとっての同条約の役割を探求している。この論稿は、最近、ドイツの家族法が、ヨーロッパ人権条約により重大な変更（Überformung）を受け、ヨーロッパ人権裁判所の判例の極めて強い影響下におかれているということを明らかにしている。最後の第4章の論稿は、意見表明の自由の制約についてのヨーロッパ人権裁判所の諸判例について論じている。この論稿において、私は、意見表明の自由の制約はマイノリティ保護のためのものでなければならないというテーゼを主張した。このテーゼから、例えば、神冒涜表現の禁止は、何よりもまずマイノリティの宗教を保護する場合に正当化されるという結論が導かれる。

最後に、私の滞在を許可して下さった中央大学当局の方々に対して、大変真心のこもった応接をしてくださったこと、そして学問的に非常に刺激に富む時を過ごすことができたことを心から感謝したい。なかでも、柴田憲司准教授、徳本広孝教授、鈴木博人教授そして畑尻剛教授には、日本滞在中のすばらしい交流に対して心から感謝したい。

　　2019年4月　ミュンスターにて

Niels Petersen

ニールス・ペーターゼン

（小野寺邦広・訳）

目　次

著者まえがき

第 1 章　憲法における比例原則

　　　　　　　　　　　　　　　　　ニールス・ペーターゼン

Niels Petersen
Verhältnismäßigkeitsprinzip im Verfassungsrecht

　　　　　　　　　　　訳・解題　柴田　憲司 ……… 1

第 2 章　ドイツ行政法における比例原則の役割

　　　　　　　　　　　　　　　　　ニールス・ペーターゼン
　　　　　　　　　　　　　　　　　フェリックス・フシャール

Niels Petersen und Felix Fouchard
Die Rolle des Verhältnismäßigkeitsprinzips im
Deutschen Verwaltungsrecht

　　　　　　　　　　　訳・解題　德本　広孝 ……… 27

第 3 章　家族関係事件に対する
　　　　　ヨーロッパ人権条約第 8 条の意義

　　　　　　　　　　　　　　　　　　ニールス・ペーターゼン

Niels Petersen
Die Bedeutung von Art.8 EMRK für Familiensachen

　　　　　　　　　　　訳・解題　鈴木　博人 ……… 45

第 4 章　意見表明の自由の制約としてのマイノリティ保護

　　　　　　　　　　　　　　　　　　ニールス・ペーターゼン

Niels Petersen
Der Schutz von Minderheiten als Schranke der
Meinungsäußerungsfreiheit

　　　　　　　　　　　訳・解題　小野寺邦広 ……… 65

訳者あとがき

ニールス・ペーターゼン教授　著作目録

第1章
憲法における比例原則

Verhältnismäßigkeitsprinzip im Verfassungsrecht

ニールス・ペーターゼン
Niels Petersen

訳・解題　柴　田　憲　司

目　次

I．比例性の原理の構造と批判
　1．比例性の構造
　2．比例性［の審査］への批判

II．ドイツにおける比例性の原理
　1．憲法における比例性［の原理］の進展
　2．連邦憲法裁判所の［判例］実務における比例性

III．結　語

解　題

比例原則（Verhältnismäßigkeitsprinzip［＊訳者注：以下、「比例性の原理」と訳出］）は、ドイツ基本権ドグマーティクの中心をなす教義学上の形象である。この比例性の原理は、ドイツ憲法の最大の輸出ヒット商品だと評されうるほどの成果を収めている。今日、世界中の多くの憲法裁判所ないし上級裁判所が、基本権にかかる事案において種々の形態の比例性の原理を用いている[1]。何がこの比例性の原理の成果をもたらしたのか。本講演で私は、とりわけドイツの基本権ドクマーティクにおける比例性［の原理］に焦点を当てたい。その際、二つの段階をたどって議論を進めることにする。第一の段階［＝以下のⅠ］では、比例性の構造を簡略に紹介し、そしてこの比例性の原理に対する批判論を検討することにする。次いで第二の段階［＝以下のⅡ］では、ドイツ憲法における比例性［の原理］の進展を叙述する。その際、まず、ドイツ憲法における比例性［の原理］の起源を検討し、然る後に、比例性［の原理］の［判例］実務の現状について詳しく示すこととする。

Ⅰ．比例性の原理の構造と批判

ドイツ基本権ドクマーティクは、自由権の際、三段階の基本権審査を出発点とする。このドイツの基本権審査の最初の二つの段階は、国際的な比較憲法上の議論においては、しばしば一つの段階に包摂され、そのため三段階のドイツの基本権審査は、国際的には二段階の基本権審査に照応することとなる。この場合、第一段階では、基本権の保護領域がかかわっているか否かという点（保護領域の審査）、および基本権制約が国家に帰責されうる（zurechenbar）ものな

---

1) S. nur *Stone Sweet/Mathews*, Columbia Journal of Transnational Law 47 (2008), 73 (75) ; *Koutnatzis*, Verfassung und Recht in Übersee 44 (2011), 32 ; *Barak*, Proportionality : Constitutional Rights and their Limitations, 2012, S. 181 ff. ; *Saurer*, Der Staat 51 (2012), 3 ; *Möller*, The Global Model of Constitutional Rights, 2012, S. 178 ; *Perju*, Global Constitutionalism 1 (2012), 334 (334) ; *Huscroft/Miller/Webber*, in : dies. (Hg.), Proportionality and the Rule of Law, 2014, 1 (1) ; *Cohen-Eliya/Porat*, Proportionality and Constitutional Culture, 2013, S. 10 ff.

のか否かという点（介入の審査）が審査される。次いで第二段階では、ある基本権への介入が正当化されうるか否かという点が審査される（正当化の審査）。

この構造の一部は、ドイツ基本法のテキストに定められている。ドイツの基本権の大半は、留保なく保障されたものではない。むしろ、多くの基本権保障［規定］においては、制限の留保、すなわち一定の条件のもとで基本権制約を正当化しうる制限の留保が見られる。もっとも、問題は、基本権と、制限の留保［規定］に挙げられた［規制］目的との間には、絶対的な優先関係は存在しないという点にある。基本権が常に優先的地位を占めるということはできない。なぜならば、そのように解してしまうと、当該制限［の目的］が無価値化されてしまうこととなるからである。これに対し、仮に、これとは逆に、当該制限［規定］に挙げられた［規制］目的に絶対的な優先性が認められるとすれば、これは、基本権が立法府および行政府に対して有している統制機能を、基本権から奪うこととなってしまうであろう。

ここにおいて、比例性の審査が重要な作用を発揮することとなる。比例性の審査は、相互に対立する諸目的間の調整を確保すべきこととなる。基本権にも国家の介入目的にも、抽象的な優先性は認められない。むしろ重要となるのは、当該事案の具体的な事情であり、この事情は、比例性［の審査］を通じて構造を与えられ、法的な審査の中に取り入れられることとなる。以下、私はまず、比例性［の原理］の構造を示す［以下の１］。ただし、比例性［の原理］は、学説において、異論の余地がないものとされているわけではない。それゆえ私は、続く第二節で、比例性［の原理］に対する批判論を扱うこととする［以下の２］。

１．比例性の構造

比例性の審査は、四つの段階からなる。第一段階では、まず、ある基本権制約が、果たして正当な目的を追求しているのか否かが審査される。何が正当な目的たりうるのかは、一部においては憲法によってあらかじめ定められている。特別な制限の留保にあっては、ある基本権への介入によって追求すること

が許されている介入の目的が、具体的にあらかじめ規定されている。例えば、基本権5条2項に基づく意見表明の自由への介入は、原則として、その介入が「一般的法律」に基づく場合、または青少年の保護もしくは個人の名誉の保護に資する場合にのみ許容される。ある基本権が——例えば基本法5条3項の学問の自由のように——留保なく保障されている場合には、正当な介入［≒規制］目的として考慮に入れられるのは、ただ競合している憲法上の［ランクをもった法的］地位だけである。

これに対し、いわゆる単純な法律留保の場合、憲法は、当該基本権介入によって達成されるべき目的に関し、何ら基準を設けていない。むしろ、連邦憲法裁判所は、この局面にあっては寛容である。公共の福祉（Allgemeinwohl）に資するあらゆる介入［≒規制］目的が許容される。これによって、実務上は、おそらくただ私的便益のみに係る目的、または明らかに憲法の基本価値に反する目的のみが、この［目的審査の］段階で排除されることとなる。学説上は、一方で、正当な目的の類型の体系を発展させようとする試み[2]が、他方で、——例えばパターナリズムのような——ある目的設定を正当な目的群から排除しようとする試み[3]が、絶えず存在する。もっとも、こうした試みは、これまでのところ定着し得なかった。

次いで、第二段階で審査されるのは、当該基本権への介入が、その追求された目的を達成するのに適合的か否かという点である。この段階にあっても連邦憲法裁判所は、通例は寛容である。同裁判所は、いかなる措置も、その追求された目的を何らかのかたちで促進するものであれば、それで十分なものと認めており、その際、立法者に通例は評価の余地（Einschätzungsspielraum）を認めている。第三段階は、必要性の審査である。この段階で審理されるのは、追求された目的を達成するために同等に実効的であるが、しかしより弱い強度で当該基本権に介入する代替措置が存在するか否かという点である。必要性の審査

---

[2] S. etwa *Engel*, in : Brugger/Kirste/Anderheiden (Hg.), Gemeinwohl in Deutschland, Europa und der Welt, 2002, S. 103 ff.

[3] S. *Hillgruber*, Der Schutz des Menschen vor sich selbst, 1992, S. 116 ff.

にあっては、それゆえ観念上は、二つの処理が行われるべきこととなる。まず、当該基本権へより弱い強度で介入する、より穏やかな代替措置［の存否］が確認される。次いで、第二段階で検討されるのは、この代替措置が、［実際に］採られた措置と同様に実効的か否かという点である。

そしてさらに、ドイツ憲法における必要性の審査は、他の多くの憲法秩序とは、少しばかり異なるかたちで形成されてきた[4]。例えば、カナダの最高裁判所は、多くの措置につき、必要性の欠如のゆえに［合憲性審査を］パスしないものとしている[5]。その際、同裁判所は、代替措置が同等に実効的か否かという比較にあっては寛容である。むしろ同裁判所は、代替措置の実効性が［問題となった措置の実効性との比較で］ごくわずかに下回る可能性がある場合でも、明らかに［基本権へ］負担を及ぼす程度が低い場合には、［問題となったその］措置を違憲だと宣言している[6]。［ドイツの］連邦憲法裁判所は、この審査にあってはより厳密である。ある代替措置の実効性が、当該裁判手続きで攻撃の対象となった措置と同等か否かについて疑義が存する場合、同裁判所は立法者に評価の余地を与える。連邦憲法裁判所の［判例］実務においては、それゆえ、この必要性の段階をパスしない措置は、例えばカナダとの比較では、明らかに少ない。

もっとも、比例性の審査の核心は、最後の段階、すなわち相当性の審査 (Angemessenheitsprüfung) であり、これはしばしば狭義の比例性とも称される。相当性の審査にあっては、競合している諸法益間の衡量が行われる——その一方は関係している基本権であり、他方は当該基本権への介入を通じて追求され

---

4) *Petersen*, in : Andenas/Bianco (Hg.), Proportionality in International Courts : Convergence in Law and Methods, 2018, i.E.

5) *Beatty*, Modern Law Review 60 (1997), 481 (484) ; *Trakman/Cole-Hamilton/Gatien*, Osgoode Hall Law Journal 36 (1998), 83 (103) ; *Hogg*, Constitutional Law, 5. Aufl. 2007, S. 128.

6) S. *Jackson*, University of Pennsylvania Journal of Constitutional Law 1 (1999) 583 (608) ; *Grimm*, University of Toronto Law Journal 57 (2007), 383 (394 f.) ; *Saurer*, Der Staat 51 (2012), 3 (31).

ている目的である。この衡量は、抽象的にではなく、個別事案の諸事情に基づいて行われる。すなわち、基本権の抽象的価値に加え、一方では当該基本権への介入の強度も考慮に入れられる。他方で、介入［≒規制］目的の抽象的価値、およびこの目的達成のための当該措置の実効性が対置される。それゆえ、例えば人間の生命の保護のような極めて高い価値をもつ目的に資する措置も、それが基本権を侵害する程度が強く、かつ、追求された目的をただわずかな程度においてのみ促進するものであるという場合には、比例性を欠くこととなりうる。

2．比例性［の審査］への批判

比例性の審査は、ドイツの学説上、批判を受けることなく存立し続けたわけではない。批判論の火がつくのは、何よりもまず、比例性［の審査］の最終段階、すなわち相当性の審査の段階である。その際、批判論は二つの点に焦点を当てている。第一に、相当性の審査は、それが通約不可能な (inkommensurabel) 諸利益を相互に比較するものであるがゆえに、合理性を欠くものだとしばしばいわれる。第二に、相当性の審査は、法的安定性を害するものだと論難される。

通約不可能性に係る批判論は、何よりもまず、ベルンハルト・シュリンク (Bernhard Schlink) の博士論文に由来する[7]。シュリンクが詳論するところによれば、衡量は数学上の演算としての構造を有しているとされる。われわれが衡量に際し、そこにただ競合している法益の抽象的価値をとり入れるだけでなく、基本権介入の強度および介入の実効性をも引き合いに出すのであれば、まさにその場合、これらの多様な諸価値は、乗法および除法の形態で、相互に関

---

7) *Schlink*, Abwägung im Verfassungsrecht, 1976. Ebenso *Aleinikoff*, Yale Law Journal 96 (1987), 943 (972 ff.)；*Habermas*, Faktizität und Geltung, 1992, S. 315 f.；*Böckenförde*, Der Staat 42 (2003), 165 (190)；*Tsakyrakis*, I.CON 7 (2009), 468 (471)；*Webber*, The Negotiable Constitution, 2009, S. 92 f.；*Sales*, Law Quarterly Review 129 (2013), 223 (236).

連づけられるべきこととなる。これはしかし、これらの諸価値が比例尺度（Verhältnisskala）において相互に関連づけられうるということを前提にしている、という。すなわち、もしわれわれが、自由と安全、あるいはプレスの自由と人格権とを衡量する場合、われわれは双方の価値のいずれが重要かという点のみならず、その一方がどの程度においてより重要なのかという点についても決定しうることにならざるをえなくなる。それゆえ、われわれは、安全は自由よりも2倍重要であるとか、あるいはプレスの自由は人格権よりも1.2倍の重要性を有している、という形態の言明を行いうることにならざるをえなくなる。しかし、多様な憲法上の諸価値を一つの比例尺度の線上に置くことが不可能であることは、明白であるように思われる。われわれは、ただ［憲法上の諸価値の］抽象的なランクの序列を構築するというだけの段階で、すでに困難性に直面している。しかし、たとえわれわれがこれを成し遂げたとしても、その上でさらに、その諸価値間の距離間隔を特定しなければならない——これは不可能・無謀な企てである。したがって、たしかにこの点は一部においてなお論争の対象とはなっているが[8]、シュリンクの批判論は、その核心においては正当なものである[9]。

　もっとも、この批判論から何が帰結されるのであろうか。というのは、人間が、通約不可能な諸価値に関わる選択決定を日常的に行っていることは、ほとんど疑問の余地がないからである。もしわれわれが、弁護士や裁判官の職に就きたいか、あるいは法律学の学問の世界に進みたいかを決するのであれば、われわれは同様に、相互に通約不可能な、多数の多様な諸価値を考慮に入れざるをえない。このことは、そうした［選択］決定を困難にする。しかし、このような困難性は、そうした［選択］決定を行う必要性から、われわれを開放するものではない。

---

8) S. *Alexy*, Ratio Juris 16 (2003), 131 ff.; *ders*., Ration Juris 16 (2003), 433 ff.; *ders*., I.CON 3 (2005), 572 ff.; *Klatt/Meister*, I.CON 10 (2012), 687 ff.; *dies*., The Constitutional Structure of Proportionality, 2012.

9) *Petersen*, German Law Journal 14 (2013), 1387 (1389 f.).

このことを、シュリンクも基本的には理解している。もっとも、シュリンクが論じているのは、通約不可能な諸価値の衡量についての判断は、裁判所ではなく立法者にその権限があるべきだという点である[10]。後者［＝立法者］は——裁判所とは異なり——直接に民主的に正当化されており、したがって社会の内部で対立している諸利益に均衡をもたらすのにより適している、とされる。通約不可能性の論拠からは、それゆえ、制度的な論拠が生じる。衡量が許容されないのは、それが合理性を欠くからではなく、立法者こそが、通約不可能な諸価値の調整を行うのによりふさわしい地位にあるからだ、ということになる。

　衡量の許容性をめぐる問題は、それゆえ究極的には民主制における憲法裁判制の位置づけをめぐる議論に関わる[11]。この議論をここで展開することは、議論を拡散しすぎることとなろう[12]。そのため、この議論についてはただ一点、コメントを行うだけにとどめさせていただきたい。もし、われわれが、立法者こそが、社会内の競合する諸価値の調整にとってよりよい地位にある、ということを認める場合、そこには次のような想定が置かれている。すなわち、立法者は常に社会内の諸利益を最もよく代表する機関（Institution）である、という想定である。もっとも、立法者に対する憲法裁判所によるコントロールの制度をわれわれが設けたのは、まさに、立法者は必ずしも常に社会内の諸利益を最もよく代表するものではない、という理由からである。その古典的な例は、少数者保護である。基本権は、いわゆる多数派による専制から少数者を保護することにも寄与するものである。ここで、もしわれわれが、相対立する社会内の諸利益の調整に関する無制限の統制［権］を立法者に委ねてしまった場合、少

---

[10] *Schlink* (Fn.7), S. 190.

[11] この議論については、以下のみを挙げておく。*Bickel*, The Least Dangerous Branch, 1962; *Ely*, Democracy and Distrust : A Theory of Judicial Review, 1980; *Ackerman*, We the People, 1991; *Waldron*, Yale Law Journal 115 (2006), 1346; *Bellamy*, Political Constitutionalism, 2007.

[12] この点についての詳細は、*Petersen*, Verhältnismäßigkeit als Rationalitätskontrolle, 2015, S. 10 ff.; *ders*., Proportionality and Judicial Activism, 2017, S. 13 ff.

数者保護が一定程度において無価値化されてしまうこととなろう。

　それでは、第二の批判論、すなわち比例性［審査］における衡量が個別事案に関連づけられること（Einzelfallbezug）は、法的安定性を著しく危殆化する、との批判論に目を向けることとしよう。この批判論は、比較的最近では、とりわけヨッヘン・フォン・ベルンストルフ（Jochen von Bernstorff）によって、同氏の教授資格論文にまとめ上げられている[13]。フォン・ベルンストルフが提案した対案のモデルは、保護領域の定義の際のカテゴリカルな論証形式と、より強固な核心領域の形成に、より強く依拠するものである。

　もっとも、法的安定性は、いかなる犠牲を払ってでも実現されなければならない価値ではない。むしろ、法的ドグマーティクの形成の際には、決定への到達の際の法的安定性と柔軟性との間に、常に緊張関係が存する。法的なルールが固定的かつ詳細になればなるほど、法的安定性はより高まる。同時に、これによってしかし、決定への到達の際の柔軟性も減殺される。そのため、固定的なルールが、一部においては最適でない次善の決定をもたらす、ということにもなるのである。

　いかにしてこの緊張関係が解消されうるのかは、そのつど状況に依存する。相異なる法領域において、われわれはこの場合、相異なる解決を行ってきた。刑事法においては、法的安定性が多大な意義を有するのが通例である。［刑事法領域では］法的安定性の意義が極めて高く見積もられているため、部分的に不適切な判断が下されることをわれわれは甘受している。こうした基本決定にかかる例は、刑事法における類推解釈の禁止や遡及適用の禁止であり、他の法領域では、こうした禁止［のルール］は、かくも厳格な形態では存しない。

　これに対し、柔軟性の価値が極めて高く見積もられており、一般条項的な要件によって法的安定性が制限されている他の法領域も存在する。一例を挙げれば、契約法である。ドイツの契約法においては、例えばドイツ民法典138条における良俗違反の禁止や、同242条における信義誠実の要請などがある。これ

---

13)　この論拠の既刊の要約版は、*v. Bernstorff*, in : Lazarus/McCrudden/Bowles (Hg.), Reasoning Rights : Comparative Judicial Engagement, 2014, S. 63.

ら双方の規範にあっては、極めて漠然性をもった要件が問題となる。もとより、これらの規範は、裁判官が通例のドグマーティクに沿って到達した帰結を不公正だとみなした場合に、それを是正する可能性を裁判官に付与する機能を有している。

こうした考察を憲法に転用した場合、いったいなぜ、その漠然とした一般条項的な規範を伴う基本権による統制が、法的な柔軟性よりも法的安定性のほうをはるかに高く評価すべきなのかは、明らかではないように思われる。むしろ憲法においては、誤った決定のコストを最小限にすることが適切であるように思われ、したがって、憲法上のドグマーティクは、個別事案の諸事情を考慮に入れるべく、十分な柔軟性を有すべきである。まさにこのことが、比例性の審査における衡量によって確保されるのである。

Ⅱ．ドイツにおける比例性の原理

本講演の後半で私は、ドイツにおける比例性［の原理］の憲法実践［≒判例実務］を検討することにしたい。その際、まず、連邦憲法裁判所の判例における比例性［の原理］の進展を振り返り［以下の１］、次いで比例性［の原理］に関する今日の判例を検討することにする［以下の２］。

１．憲法における比例性［の原理］の進展

比例性［の原理］は、基本法においては、いかなる個所にも明示的には言及されていない。むしろ比例性の審査は、連邦憲法裁判所の判例を通じて進展してきた。もっとも、連邦憲法裁判所は、比例性［の原理］を発明したわけではない。むしろ、比例性の原理は行政法にその起源を有し、19世紀に、プロイセン上級行政裁判所によって警察法において展開させられてきた。後に連邦憲法裁判所は、比例性の原理を憲法判例に取り入れた。

例えばカナダや南アフリカのように、比例性［の原理］がリーディングケースにおいて憲法判例の中に導入された[14)]国とは異なり、ドイツにおいては、

範例となる判決は存在しない。むしろその進展は、漸次的に行われてきた。その中でも二つの判決が中心をなす。第一の判決は、1958年の連邦憲法裁判所の判決であるリュート判決である[15]。事件の対象は、ハンブルクの市政府の管理職であったエーリッヒ・リュート（Erich Lüth）氏の発言であった。同氏は、ファイト・ハーラン（Veith Harlan）監督の最新作の映画を見に行かないよう、公にボイコットを呼び掛けた。ハーラン氏は、かつて第三帝国時代に映画監督として最も重要な役割を演じ、国家社会主義政府の委託を受けてプロパガンダ映画を撮影した者である。

　ハーラン氏の映画の製作会社は、ハンブルクの州地方裁判所に、リュート氏に対する差止めの処分を求めて出訴し、これが認められた。この州地裁の判決に対する州上級裁判所への控訴は功を奏せず、後にリュート氏は連邦憲法裁判所の判断を仰いだ。このリュート判決が、連邦憲法裁判所における中心的な判決として知られているのは、とりわけ、同裁判所がこの判決において、基本権の私法上の効力に係るドグマーティクを展開したためである[16]。これによると、民事裁判官もまた、民事法の解釈の際、原則として基本権の価値を考慮に入れるべく義務づけられる。したがって、連邦憲法裁判所は、民事裁判所の判決の基本権適合性を、憲法異議手続の枠内で自ら審査する権限を有することとなった。

　本講演の脈絡では、しかし、［この判決がもつ］もう一つの第二の側面が決定的である。連邦憲法裁判所は、当該事案は何よりもまず、リュート氏の意見表明の自由と、ハーラン氏の人格権および職業の自由との衝突が問題となっているとした。この衝突は、連邦憲法裁判所の見解によれば、ただ「基本法5条1項1文に基づく基本権と、その基本権の行使によって制限される権利や法益

---

14)　*R v. Oakes*, [1986] 1 S.C.R. 103；*S v Makwanyane and Another* (CCT 3/94), 1995 (3) SA 391.

15)　BVerfGE 7, 198.

16)　この点については *Mathews*, Extending Rights' Reach：Constitutions, Private Law and Judicial Power, 2018, S. 20 f.

との衡量」の枠内においてのみ解消されうるとされる[17]。当該事案の具体的な事実関係のもとにおいて、連邦憲法裁判所は、リュート氏の意見表明の自由が優位し、したがって州地方裁判所による差止めの処分は、同氏の基本権を侵害するものだと判断した。

　この判決は、明示的に衡量という語を用いているものの、リュート判決において連邦憲法裁判所は、比例性の審査の全体構造については、まだ展開していなかった。むしろ、同裁判所［の判断］は、当該裁判においては、比例性［の審査］の最終段階——すなわち衡量に限定されていた。第二の中心的な判決は、そのわずか数か月後の1958年6月に下された。一般に薬局判決と称されるその判決において、連邦憲法裁判所は、住民一人あたりの薬局の数を制限する、バイエルン州における営業許可制の合憲性について判断を示した[18]。

　憲法異議申立人は薬剤師であり、オーバーバイエルンのトラウンロイト（Traunreut）という地域で薬局を開業しようとしていた。オーバーバイエルンの所轄の行政当局は、トラウンロイトではすでに十分な数の薬局が利用可能な状況にあるという理由で、異議申立人に許可を付与しなかった。当該規律を正当化すべく、バイエルン州の立法者は裁判手続きにおいて、もし当該規律が存しなかった場合、薬局の数が無制限に増大してしまうこととなる、という点を挙げた。このような事態は競争を激化させ、個々の薬局の存続可能性にかかる問題を生ぜしめることとなる、と立法者は述べた。そのような生存競争にかかる状況が生じた場合、薬局経営者には、医薬品に関する諸規律に違反したり、また処方箋に係る義務を無視して薬を消費者に販売しようとする、というような方向への強い促し効果が生じることとなる、という。

　憲法裁判所は、当該規律は職業の自由への介入になると判断した。そして正当化のレベルで同裁判所は、三段階モデルを展開した。職業の自由への介入にあっては、相異なるその強度に応じて、介入を区別すべきものとした。侵害の程度が低いとされるのは、単なる職業遂行の自由のみにかかる規律であり、こ

17）　BVerfGE 7, 198 (215).
18）　BVerfGE 7, 377.

れは、職業への参入それ自体を制限するものではなく、ただ一定の条件を職業の遂行に付しているのみだとされる場合である。第二の段階に位置するのは、職業への主観的な参入制限である。そのような主観的な参入制限は、職業を開始しようとする者に、一定の資格を要求するものだとされる。最も強度な介入は、職業への客観的な参入制限から生じる。その中には通例、クオータ制度、すなわち職業の行使について関係当事者が十分に資格づけられている場合でも、職業の自由への参入が遮断されうる場合があるようなクオータ制度がこれに関わる。これらの職業制限にかかる相異なる諸規律の正当化には、相異なる程度の要求があてがわれる。職業への客観的な参入制限は、単なる職業の遂行にかかる規律の場合よりも、はるかに重要な目的に仕えるものでなければならないとされる。

　当該事案において具体的には、バイエルンの営業許可制度では職業への客観的な参入制限が問題になっているとされた。もっともこれは、必要性を欠くとして正当化されなかった。むしろ、バイエルンの立法者の懸念を顧慮した、より穏やかな手段が存するとされた。とりわけ、すでに市場が、薬局の数が無制限に増大しないようにするという点への配慮を行うこととなる、という。というのは、薬局の開業にかかる高い初期投資が実際上引き合うかどうかという点について、関係当事者が詳細に熟考しようとするためであるという。

　薬局判決においても連邦憲法裁判所は、本講演の冒頭で紹介し、今日において憲法学説で広く認められているような、構造化された比例性の審査形態をいまだ採用していない。むしろ、同裁判所によって展開されたこの三段階理論は、比例性の審査の前身とみなされている[19]。もっとも、この薬局判決は、すでに比例性審査の多くの諸要素を包含している。例えば同裁判所は、「綿密な衡量」の必要性について語っている[20]。最終的に当該事案は、必要性の考慮のもとで結論が示されている――すなわち、バイエルンの立法者が追求した目的を達するために同等に実効的な、より穏やかな手段が存在するとされた[21]。年

---

19)　*Michael/Morlok*, Grundrechte, 2008, Rn. 681.
20)　BVerfGE 7, 377 (405).

月を経る中で、連邦憲法裁判所の比例性のドグマーティクは、安定的に固まってきた。今日では、比例性のドグマーティクは、――冒頭で言及したように――基本権審査の中心的な教義学上の道具となっている。

2．連邦憲法裁判所の［判例］実務における比例性

［判例］実務における連邦憲法裁判所の比例性審査は、どのようなものか。すでに示唆したように、比例性［審査］は基本権審査の中心的な教義学上の道具である。だが、これが意味するものは何か。どのくらいの頻度で連邦憲法裁判所は、比例性［審査］をもちだし、また比例性［審査］のどの段階が、特に前面に置かれているのか。これが、私が本講演の最後の部分で扱いたい問題である。

これについて私は、まず、一つの区別を行っておくこととしたい。とりわけ、この［判例］実務の分析のために区別されるべき、比例性［審査］が適用される三つの状況が存する。第一に、連邦憲法裁判所は、下級裁判所の裁判を統制する。その際、一方では民事裁判所の裁判が問題となり、他方では刑事裁判所および行政裁判所の裁判が問題となる。この下級裁判所の裁判の統制の際には、衡量が中心的な役割を果たす[22]。まさに民事裁判所の判決の審査の際には、連邦憲法裁判所は依然として、ただ衡量のみを引き合いに出すにとどめており、比例性審査の他の三つの段階の審査を行うことはない[23]。

第二の状況は、憲法裁判所による立法者の統制である。この場合においても、連邦憲法裁判所の［判例］実務について、さらに二つの異なる状況が区別されうる――一方は、連邦憲法裁判所が法律を合憲だと認めた判決であり、他方は、同裁判所がある法律を違憲だと宣明した判決である。ある法律が合憲

---

21) Vgl. *Schlink* (Fn.7), S. 53 f.；*Schulze-Fielitz*, FS 50 Jahre BVerfG I, 2001, 385 (396)； *Becker*, in： Kube u.a. (Hg.), Leitgedanken I, 2013, 225, Rn. 5.
22) *Petersen*, Verhältnismäßigkeit (Fn.12), S. 142 ff.
23) *Gardbaum*, in： Jackson/Tushnet (Hg.), Proportionality： New Frontiers, New Challenges, 2017, S. 221.

だと認められる場合、連邦憲法裁判所は、その論証において同じく衡量を用いる。このことは、ドグマーティク上は、特に驚くべきことではない。衡量は比例性［審査］の最後の段階に位置しており、したがって積極的な［≒合憲とする場合の］法律審査の際には、衡量はパスしなければならない必然的な審査段階に位置する。詳細な衡量審査は、この場合には、まさしく当該法律のよさを強調し、そして同時に、連邦憲法裁判所が綿密かつ詳細に事案の諸事情を検討したことを示すものとなっている。

だが、最も興味深い状況は第三の状況であり、それは、連邦憲法裁判所がある法律を違憲だと宣明する場合である。この状況において連邦憲法裁判所は、最大級の正当化を要することとなる。というのは、この場面で同裁判所は、民主的立法者に対置される釣合いおもり（Gegengewicht）として機能し、民主的に正当化された判断を是正するものとなるからである。いかなる論拠を連邦憲法裁判所は、そのような状況において用いているのか。

この問題を探究すべく、私は教授資格論文において、統計的な調査を実施した[24]。この調査のため、私は、ある法律につき、これが基本権を侵害し違憲だと宣明した連邦憲法裁判所のすべての判決を吟味した。ただ、一般的・個別的平等原則に依拠した判決だけは検討の対象としなかった。というのは、この平等の事案におけるドグマーティクは、自由権のドグマーティクとは異なっているからである。合計して私は、1953年から2013年までの間の241の判決を分析した。

この分析の結果を見て確認できることは、連邦憲法裁判所は、その4分の1弱の判決において衡量に依拠しているという点である。その際、時期的なトレンドが確認されうる[25]。初期においては、連邦憲法裁判所が衡量を用いることは極めてまれであった。むしろこの時期には、とりわけ適合性および必要性が前面に押し出されていた。1970年代末以来になって初めて、衡量が憲法裁判

---

24) *Petersen*, Verhältnismäßigkeit (Fn.12), S. 136 ; *ders.*, Proportionality (Fn.12), S. 80 ff.

25) *Petersen*, Global Constitutionalism 4 (2015), 49 (57 ff.).

所の法律審査の中心的な主題となってきた。必要性は、これとならんで引き続き重要な審査のポイントであり続けたが、判例の初期の10年の時期に比べると、明らかにその重要度を失ってきた。次第に、連邦憲法裁判所がある法律を、必要性の欠如のゆえに違憲だと宣明する判決は、全判決の20％を下回るようになった。

これと並んで、連邦憲法裁判所は、多くの事案において、ある法律を違憲だと宣明すべく、比例性とは異なる諸論拠をも用いている。例えば多くの事案において、ある法律は、次のような諸理由からも違憲だと宣明されている。すなわち、憲法裁判所がある法律を一貫性を欠くもの（inkonsistent）と解する、あるいは、ある法律が、関係する市民の、保護に値する信頼を害している、あるいは、ある法律が十分な手続き保障を備えていない、あるいは、ある法律が十分な明確性を有していない、等々の理由である[26]。

もっとも、連邦憲法裁判所の判例において最も重要な意義を有しているのは、衡量である。すでにみたように、衡量は、正統性の観点からは問題含みであり、学説上は厳しく批判されている。それゆえ私は、衡量について、ここで皆さんとともに、幾分立ち入って検討することにしたい。衡量の枠内で、いかなる種類の法律が違憲だと宣明されているのであろうか。ある法律が比例的でないということを正当化すべく、連邦憲法裁判所はいかなる論拠を用いているのであろうか。

何よりもまず確認されるべきことは、連邦憲法裁判所は、とりわけ、ある刑法および刑事訴訟法上の判断の審査の際に衡量を用いるという点である。特に同裁判所は、刑事訴訟法上のある措置につき、それが［基本権に］甚大な影響を及ぼすため、より大きな重大性をもった犯罪の場合にのみ正当化されうるという場合に、その刑事訴訟上の措置に係る犯罪カタログを是正する[27]。さらに、

---

26) Petersen, Verhältnismäßigkeit (Fn.12), S. 136.
27) BVerfGE 100, 313 (384 f.); 109, 279 (347 ff.).［＊訳者注：例えば、ある犯罪の嫌疑が存する場合に盗聴（外国への通話の監視）を可能とする刑事訴訟法上の規定について、盗聴可能な犯罪のリストとして挙げられていた通貨偽造罪が、他のリストア

その他の判例で連邦憲法裁判所は、ある刑事訴訟法上の措置を採ることが許されるとされる場合に存すべき危険［の存在］への要求を、より厳格にしたこともある[28]。

その際、考慮に入れられるべきことは、刑事訴訟における憲法裁判所の統制は、とりわけその必要性が高いという点である。仮想的な犯罪行為者は、たいてい、政治プロセスにおいて代表されることが少ない社会的環境に、その出自を有する。被告人・被疑者のための法治国的な手続保障の確保は、票集めの動因としてほとんど役立たないのに対し、犯罪者に対する強硬路線をもって選挙に勝つことも時にある。しかしながら、同時に連邦憲法裁判所は、立法者に高いコストを課すことは避けている。同裁判所が、そうした諸判決において、刑事訴訟法上のある措置を全面的に禁止することはまれである。むしろ同裁判所は、ただ軽微な是正（Korrekturen）を行うのみである。

連邦憲法裁判所の判決が刑事訴訟法上の措置に関わらない限り、裁判所の論証構造は、基本的に四つのカテゴリーに区分されうる[29]。第一に、連邦憲法裁判所は、経済的［≒資金上の（finanziell）］負担の割当を是正する。第二に、同裁判所は、措置と目的との間のはめ合い精度（Passgenauigkeit）を審査する。第三に、同裁判所は、衡量の枠内で一貫性を審査（Konsistenzprüfung）する。第四に、同裁判所は衡量を不公正な事案（Hältefallen）の是正のために用いる。

これらの個々のカテゴリーについて、より詳細に説明することとしよう。連邦憲法裁判所が経済的な負担の帰属を是正する場合、原則として同裁判所は、

ップされた犯罪と同程度の危険性を有していないがために比例性を欠くとしたり、「大盗聴」判決が示したように、盗聴（住居の監視）が許されるのは最高刑が5年以上の犯罪の嫌疑がある場合にのみ許されるとして、盗聴可能な犯罪リストを定める規定を比例的でないとしたりするなど。］

28) BVerfGE 120, 274 (326 ff.); 125, 260 (329 f.); 133, 277 (347 ff.).［＊訳者注：例えば「オンライン捜査」事件のように、テロ対策のための保存データの利用可能な場面を、重大な法益侵害の具体的な危険があり、あるいは重大な犯罪行為の嫌疑が基礎づけられる場合等に限定する、など。］

29) 詳細については、*Petersen*, Verhältnismäßigkeit (Fn.12), S. 148 ff.

基本権への介入の目的を正当と認めるが、しかし、その措置の経済的な負担は、国家ないし第三者群によって負担されなければならない旨を論証する。というのは、その国家ないし第三者群が、本質的にはその措置から主要な利益を得ているからだとする[30]。このカテゴリーの範例は、いわゆる義務納本のケースである[31]。この事件で問題となったのは、ヘッセン州のある規律であり、これは、州の出版社に対し、州立図書館で寄贈本を無償で利用可能にさせることを求めるものであった。この規律に反対し、高価な芸術の著作集をわずかな部数のみ発行していたある出版社が出訴した。連邦憲法裁判所は、このヘッセン州の義務は比例的でない旨を論証した。すなわち、たしかにヘッセン州が、州内で発行されたあらゆる印刷物につき、州の図書館で、公衆に寄贈本へアクセスさせようとしたことは正当化される、という。もっとも、少なくとも当該事案のように、出版社への資金面での負担が極めて重大になる場合は、この寄贈に係る金銭的な補償がなされなければならない、とした[32]。

第二の事案カテゴリーにおいて、連邦憲法裁判所は、ある措置につき、それが目的の追求の際に一貫性を欠く場合に、比例性を欠くものと判断している[33]。この論証に係る一例は、ドイツ民事訴訟法のある規定に係る憲法裁判所の判例の中に見られる[34]。問題となった法律は、過度の飲酒または浪費を理由とする行為能力剥奪宣言（Entmündigung）について、これが公開されなければならない旨を定めていた。立法者が論じたところによると、この公開は、法的取引を保護するために必要だとされていた[35]。もっとも、過度の飲酒や浪費は、

---

30) S. BVerfGE 31, 229 (243 f.); 47, 285 (322 ff.); 49, 382 (400 ff.); 53, 336 (349 f.); 58, 137 (149 f.); 68, 155 (173 ff.); 77, 308 (337); 81, 156 (197 ff.); 85, 226 (235 ff.); 97, 228 (262 f.); 99, 202 (212 ff.); 100, 226 (243); 101, 54 (99 f.).

31) BVerfGE 58, 137.

32) BVerfGE 58, 137 (149 ff.).

33) S. BVerfGE 52, 1 (36); 52, 357 (366); 69, 209 (219); 78, 77 (86 f.); 84, 133 (156); 90, 263 (273); 104, 357 (368); 108, 82 (120); 121, 317 (360 ff.); 128, 157 (177 ff.).

34) BVerfGE 78, 77.

35) BVerfGE 78, 77 (85).

行為能力剥奪宣言に係る唯一の事由ではない。実務上、この二者はむしろ、全事例の10％にも満たない。憲法裁判所は、次のように論じた。すなわち、これら二つの場合に比べて、他の場合における法的取引の保護が、その重要度においてより劣るということはない。しかしながら、この二つ以外のケースでは、公開は必要とされていない。このことが示唆するのは、当該措置にあっては法的取引の保護が必ずしも前景化していないことである、と。むしろ、立法者にあっては関係当事者のスティグマ化に関心が向いている、という。こうした理由から、当該措置は比例的でないとされた。憲法裁判所はその際、当該措置の一貫性の欠如を、立法者の動機の探求のための指標として用いた。当該規律の真の理由は、かくして、もはやこのような［関係当事者の基本権に］甚大な影響を及ぼす当該公開措置を正当化しないものとされた。

　第三に、連邦憲法裁判所は、ある措置とその目的とが十分なはめ込み精度［≒つりあい］を欠く場合、その措置を比例的でないと判断している[36]。このカテゴリーは、本質的には冒頭で述べた、連邦憲法裁判所による必要性審査の厳格な解釈の帰結である。もし、ある代替措置が、その実効性においてごくわずかに劣るのであれば、その代替措置が明らかに［基本権への］侵害の程度が少ない場合でも、問題となった［実際に採用された］措置は、たしかに必要的だとされる。もっとも、連邦憲法裁判所は、この問題を衡量の枠内でいま一度取り上げ、そして当該措置を多くの場合、比例的でないと宣明する。結論においては、したがって、連邦憲法裁判所の判例は、カナダの最高裁判所と大きく異なるものではない[37]。ただ、そのドグマーティク上の表現に、一つの相違があるのみである。カナダの最高裁判所はこの問題を必要性の枠内で議論するが、連邦憲法裁判所は相当性の枠内で議論するのである。

---

36)　S. BVerfGE 34, 165 (198 f.)；55, 134 (143)；61, 291 (318)；74, 203 (216 f.)；79, 256 (272 f.)；87, 114 (148 f.)；92, 26 (45)；108, 82 (109 ff.)；112, 255 (266 ff.)；113, 348 (387 f.)；115, 1 (20 ff.)；117, 202 (229 ff.)；119, 59 (87 ff.)；121, 30 (64 ff.)；121, 175 (194 ff.)；128, 109 (130 ff.)；135, 48 (68 ff.).

37)　*Petersen*, Proportionality (Fn.12), S. 176.

最後に、四つ目のカテゴリーとして、連邦憲法裁判所は相当性の審査を、不公正な事案の是正のために用いる[38]。こうした事案において連邦憲法裁判所は、立法者の基本決定についてはこれを受容するが、しかし問題となった措置によってとりわけ不公正な影響を受ける個人のための例外的な規律［を設けること］を立法者に要求する。このカテゴリーの好例は、やはり既述の義務納本のケースである[39]。このケースにおいて同裁判所は、ヘッセン州の立法者に対し、州立の図書館に譲渡されたあらゆる寄贈本について、出版社に補償すべきことを要求はしなかった。むしろ、そのような補償が必要とされるのは、ただ無償譲渡が関係当事者に特別不公正な負担を課すものとされる場合のみである。発行数が大部にわたり、わずかな生産コストで発行された書籍については、補償を支払う必要はないとされている。しかし、生産コストが高く発行部数が少ない、というような具体的な事案においては、事情は異なることとなる。

Ⅲ．結　　　語

　結論を述べることとしたい。この講演で私は皆さんに、連邦憲法裁判所の［判例］実務における比例性の審査に関する若干の概観を示した。われわれは、比例性の審査が判例を通じて発展してきたことを見てきた。連邦憲法裁判所の裁判官は、これによって、相対立する諸利益や法的地位について、相互の均衡をもたらすべき要求に対応してきた。もっとも、比例性［の審査］は、学説上は批判を受けることなく存立し続けたわけではない。比例性［の審査］に係る判例実務を見渡したとき、同裁判所はこの批判論に十分に対応してきたことがわかる。たしかに、まさに多くの批判が集中している衡量は、連邦憲法裁判所の基本権判例の中で、絶えず中心的な位置を占めている。しかし同時に、同裁

---

38)　S. BVerfGE 14, 19 (23 f.)；21, 173 (183)；47, 285 (322)；53, 257 (302 ff.)；62, 117 (152)；68, 155 (173 ff.)；72, 51 (63 f.)；78, 58 (75)；130, 372 (395 ff.)；135, 48 (80 ff.).

39)　BVerfGE 58, 137.

判所は、比例性の審査の適用範囲を限定している。同裁判所がある法律を違憲だと宣明するのは、ただその法律が、本講演で確認した五つの状況のどれか一つに照応する場合のみである。これによって、衡量は、批判者にとっても受忍できるものとなっている。例えば、衡量に対する最も顕著な批判論者であるベルンハルト・シュリンクでさえ、次のような見立てを示している。すなわち、連邦憲法裁判所は衡量に際し、「政治へと侵入するあらゆる場合において、政治的・社会的に受容され容認される限度を守って」きた、[40]と。

---

40) *Schlink*, FS 50 Jahre BVerfG II, 2001, 445 (465).

第1章　憲法における比例原則　23

解　題

　1．比例原則ないし比例性の原理は、立法等の国家行為の合憲性を判断する際の基準として、目下、世界各国の憲法裁判所・上級裁判所等で広く用いられるに至っている。このグローバルモデルの発祥地とされるドイツ連邦憲法裁判所の判例における憲法上の比例原則には、世界中から特別の注視が集まっている。日本でもかねてより、長らく通説的地位を占めてきたアメリカ型の違憲審査基準論・二重の基準論等を見直す脈絡で、ドイツの比例原則が注目を集めてきた。

　本講演は、ドイツ憲法上の比例原則に関する最新の判例や議論状況を、カナダや南アフリカ、欧州諸国との比較憲法的知見も踏まえつつ網羅的・包括的に研究し、これをモノグラフィーにまとめた論者が（S. etwa. *N. Petersen*, Verhältnismäßigkeit als Rationalitätskontrolle, 2015 ; *ders.*, Proportionality and Judicial Activism, 2017）、比例原則のドイツ判例実務上の現状を伝えるものである。

　2．本講演の構成は、比例原則の構造と批判論を紹介・分析した前半部分（Ⅰ）と、判例実務における比例原則の現状を分析した後半部分（Ⅱ）に大別される。

　前半部分では、ドイツの標準的な見解に基づく基本権ドグマーティク上の比例原則の位置づけ、すなわち、いわゆる三段階審査（保護領域・制約・正当化）の最終段階（正当化）に比例原則が位置づけられること、そして比例原則の四つの部分原則の内実（目的の正当性、手段の適合性、必要性、相当性（衡量））が示されている(1)。その上で、比例原則への批判論、特に手段相当性の審査（衡量）への批判論として、多様な価値の比較不可能性、法的安定性の喪失、という二点が紹介・検討されている(2)。

　①　まず、三段階審査・比例原則という審査方式が、ドイツ憲法の条文構造からも導かれうるとされている。すなわち、ドイツ憲法は一方で、基本権による国家行為の統制可能性を示し、他方で法律の留保条項などで基本権の制約可能性を明示しており、両者の調整が必要になることから比例性・衡量の審査が

要請される、とされている。この説示は、一方で、審査手法・審査基準の当否を考察するに際し、その機能的有用性のみならず、条文構造上の規範的必然性に着目することの意義を示しているとも解される点で、他方で、条文構造の相違を超えた普遍的な理論・ドグマーティク、すなわち条文制定に先行する思考枠組の存在可能性を考察する契機となりうる点で、日本法への示唆の観点からも一顧に値しうる。

② また、本講演では、比較憲法的にみると、三段階審査の保護領域の段階と制約の段階とを区別せず、これらを一つの段階に包摂する立論も有力であるとされている。さらに、他国の憲法判例、例えばカナダの最高裁判所判例との比較では、特に必要性審査の在り方が異なっているとされる。すなわち、ドイツ判例は、必要性審査にあたり、より制限的でない代替手段が、問題となった手段との比較で「同程度」に立法目的を促進するかについて疑義がある場合、立法者に評価の余地を与えてこの審査をパスさせ、その上で手段相当性（衡量）の審査を決め手にする。この意味でも、ドイツの比例原則では後述のように手段相当性の審査が重要な役割を果たしている。これに対し、カナダ判例では、代替措置の実効性をドイツ判例ほどには厳密に審査せず、必要性の枠内で実質的にこの衡量を行うこともあるとされる。これらの諸点も、特に日本の判例法理における衡量審査のありかた・位置づけを考察する際にも注目されうる。

③ そして、比例原則、特に衡量への批判論として有力な「比較不可能な諸価値」という論拠については、そうした多元的な価値衡量は、たしかに困難を伴うことは事実ではあるが、しかしそれを行う必要がないことを意味するわけではなく、またそうした衡量が政治部門・立法者の任務であるという批判についても、これを立法者のみに委ねるのは少数者保護等の観点から相当でないからこそ憲法裁判制度が導入されている旨の反論がなされている。

④ また、衡量は法的安定性を失わせるとの批判論についても、法的安定性は常に優先されるべき価値ではないとされる。すなわち、法的推論に係るルールを構築する際には、常に法的安定性と柔軟性との緊張関係が存するとされる。明確なルールを定立した場合、法的安定性には資するが、他方で決定への

到達の際の柔軟性を減殺させ、誤った決定をもたらすリスクをも包含しているという。安定性と柔軟性のいずれを優先すべきかは、法領域・事情に応じて異なり、前者を優先させている法領域もあるが（刑事法領域での遡及処罰・類推解釈の禁止等）、憲法分野では、条文の抽象度の高さにもかんがみ、民事法・契約法領域の一般条項における場合と類似する形で、誤った決定のリスク・コストを最小限にすることが重要であり、その意味でドグマーティクに柔軟性を付与することもありうる選択だとされている。そして、衡量審査がまさにこの役割を担うとされる。

3．講演の後半部分（Ⅱ）では、比例原則に係るドイツ判例の展開・現状が詳細に示されている。まず、比例原則の起源とされるのは、いわゆるリュート判決と薬局判決であるが、両判決ともに上記の今日的な比例原則の審査構造、すなわち四つの部分原則を段階的に審査するという構造を備えているものではなく、三段階審査・比例原則の構造が後の判例において漸進的に展開・整理されてきた旨が指摘されている(1)。

その上で、本講演は、比例原則違反を理由に違憲判断を示した過去の判例（1953年から2013年までの241判決）を網羅的に調査した統計結果を示している(2)。

そこから読み取れる傾向として、手段相当性（衡量）を判断の決め手とした判決が全体の4分の1弱であること、初期の判例は必要性審査を重心におくものもみられたが近年は相当性・衡量審査が重心におかれていること、等が示されている。また、判例が衡量を用いて違憲と判断する事案類型が、次の五つに限定されている旨も示されている。すなわち、① 刑事法領域、② 経済的な負担の帰属に係る事例、③ 法律における一貫性の欠如に係る事例、④ 目的と手段との釣り合いに関わる事例、⑤ 不公正な事案（Hältefallen）の是正に係る事例、である。①は、個人の基本権への最も古典的で、強度の侵害形態を示す事案と解される。②で挙げられた例は、⑤と類似し、法律の一律適用が不公正な帰結をもたらすと解されるタイプの事案である。④は、上記の必要性審査をドイツ判例が厳密に適用すること（代替手段が立法目的を同程度に促進すると

裁判所が判断しづらい場合には必要性審査をパスさせること）の帰結としてもたらされるものである。③は、通例は平等原則で用いられることの多い首尾一貫性審査が、比例原則の枠内で用いられる場合もあることを示す例として、同じく首尾一貫性審査が注目されている日本への示唆を考える上でも興味深い。

4．以上のように本講演は、比例原則に係るドイツ判例の最新の状況を、比較法的知見も踏まえて網羅的・包括的に示すものである。特に衡量審査の在り方については、かねてより今日に至るまでドイツでも批判論が多いところであり、日本法との関係でも批判的に再構成すべき諸点もありうるところではあるが、その批判的考察の前提として、このドイツ型の標準的なグローバルモデルが、なぜ標準モデルでありえているのかを、まずもって認識するための素材として、本講演およびペーターゼン教授の諸論考は有益な指摘を含むものと解される。

第2章
ドイツ行政法における比例原則の役割

Die Rolle des Verhältnismäßigkeitsprinzips im
Deutschen Verwaltungsrecht

ニールス・ペーターゼン＝フェリックス・フシャール
Niels Petersen und Felix Fouchard

訳・解題　徳　本　広　孝

目　次

Ⅰ．長い系譜をもつ啓蒙主義の子

Ⅱ．原則の背後にある基本的な考え方

Ⅲ．把握することが困難な、しかし（ほとんど）あらゆる場面で適用される原則
　　1．不確定法概念
　　2．裁量決定

Ⅳ．「古典的」比例性審査
　　1．手段の合目的性（Geeignetheit）
　　2．手段の必要性（Erforderlichkeit）
　　3．手段の相当性（Angemessenheit）

Ⅴ．比例原則の適用範囲の拡張
　　1．給付行政における比例性？
　　2．覊束決定における比例性？

Ⅵ．結　語

解　題

I．長い系譜をもつ啓蒙主義の子

比例原則は、ドイツ行政法の根幹をなし、あらゆる行政活動の基準である[1]。今日、比例原則は、比類なき広がりをみせ、世界中の法律制度に根をおろしており、日本にもそれは当てはまる[2]。法的な形成物としての比例原則は、もとはドイツの発明品であった[3]。その発展の歴史は比較的長く、啓蒙主義に起源を有する[4]。

出発点は、国が目標を追求する際に国民に対して恣意的な手段を用いてはならず、必要な手段のみを用いるべきであるという考え方である。20世紀初頭の行政法学上の名言を用いるならば、比例原則は「大砲で雀を撃つ」ことを許さない[5]。この考え方は、啓蒙主義という時代の趨勢の中で初めて登場した[6]。基本権の分野における比例原則の現在の重要な立ち位置からの見え方とは異なり、この原則の原点は憲法にではなく行政法にある[7]。

18世紀のプロイセンにおいて、警察の任務は非常に広範に及んでいただけではなく、警察は目標を達成するために、あらゆる手段を用いることもできた。つまり、比喩的な意味で、雀を大砲で打つこともできたのである。この状

---

1) BVerwGE 5, 50, 52；さらなる資料については、*Kloepfer*, in : Schmidt-Aßmann (Hg.), Festgabe 50 Jahre Bundesverwaltungsgericht, 2003, S. 329, 332.
2) S. dazu *Saurer*, Der Staat 51 (2012), 3 ff.；日本の行政法における比例原則については、*Huang/Law*, in : Bignami/Zaring (Hg.), Comparative law and regulation, 2016, S. 305, 309.
3) S. *Stone Sweet/Mathews*, Columbia Journal of Transnational Law 47 (2008), 73.
4) *Pieroth*, in : Kment (Hg.), Das Zusammenwirken von deutschem und europäischem öffentlichen Recht, 2015, 587.
5) *Fleiner*, Institutionen des deutschen Verwaltungsrechts, 1911, S. 323.
6) *Pieroth*, in : Kment (Hg.), Das Zusammenwirken von deutschem und europäischem öffentlichen Recht, 2015, S. 587, 588 f.；*Voßkuhle*, JuS 2007, 429.
7) 発展の詳細な概観については、*Remmert*, Verfassungs- und verwaltungsrechtsgeschichtliche Grundlagen des Übermaßverbotes, 1995.

況は、1794年のプロイセン一般ラント法により、ようやく少しずつ変化してきたといわれている。この法律が、初めて「公共の平安、安全、秩序の維持ならびに公衆または個人に差し迫った危険の回避のために必要な措置をとることは、警察の任務である。」との定式を示した[8]。

その後、とりわけプロイセン高等行政裁判所が、比例原則から警察上の措置の審査準則となる合目的性の原則や必要性の原則を発展させた[9]。これらの原則によれば、警察はより緩やかで同等の合目的な手段が存在しない限りで、目的の達成に必要な措置のみを講じることが許される。こうして今日われわれが知る比例原則の端緒が開かれたのである。以後、この「歴史的な核」は徐々に行政法全体に援用された。しかし、今日の比例性審査の本質的な要素の一つが、なお欠けていた[10]。すなわち、審査の第三段階、最終段階としての措置の相当性の要請である。基本法のもとで、初めて相当性の要請が加わった。最終的に、比例原則は現在の三段階構造を備えるに至ったのである[11]。

戦後、比例原則は、(特にナチス期に起因して度々人事的な問題に関して) 行政や司法のコントロールに利用されたが[12]、比例原則が立法を含むすべての国家権力を拘束することについては度々議論されている。今日、比例性の思考は、民法や刑法にも影響を与えており[13]、いわば法秩序の中核をなしている。

---

8) § 10 des 17. Titels, Teil zwei. 著者による強調。
9) さらなる資料については、*Groß*, DöV 2006, 856, 857.
10) *Kraft*, BayVBl. 2007, 577, 578, 580 ; *Groß*, DöV 2006, 856, 858. 相当性について詳しくは *Hirschberg*, Der Grundsatz der Verhältnismässigkeit, 1981, S. 6 ff. m.w.N.
11) *Groß*, DöV 2006, 856, 858 ; S. 他の資料を掲載した代表的な例として、さしあたり BVerwGE 84, 375, 381 ; vgl. auch BVerwGE 4, 305, 307 : „しかしながら、そのような取扱いは、用いられる手段は常に達成すべき目的に比例しなければならず、その目的達成に必要なものを超えてはならないという一般的な行政法の原則と両立しないだろう。"
12) *Lepsius*, in : Jestaedt/Lepsius (Hg.), Verhältnismäßigkeit, 2016, S. 1, 3.
13) さらなる資料については、*v.d. Pfordten*, in : Jestaedt/Lepsius (Hg.), Verhältnismäßigkeit, 2016, S. 261, 261 f.

II. 原則の背後にある基本的な考え方

　今日の比例原則は、二つの相反する目的に基づいている。まず、この原則は法律が有用でなければならないという功利主義的な考え方に基づいている。この考えでは「便益 (Nutzen)」は、共同体の利益と同等のものと位置づけられる。公共の福祉 (Gemeinwohl) の追求は基本的に個人の権利侵害をも正当化する。法律の目的を功利主義的な意味でとらえるならば、ここから法の目的合理性の要請が導かれる。すなわち、法律は公共の福祉に役立つものでなければならず、その目的に適合していなければならないのである。

　この目的設定は、第二次世界大戦後、特に影響力を強めた第二の考え方によって制限された。すなわち、法は個人を保護しなければならず、とりわけ基本権によって保障される個人の自主性と人格的権利を尊重しなければならないのである。したがって、法とその適用は公益に資すると同時に個人の利益を十分に考慮しなければならない、との結論が導かれる。比例原則は、これら二つの矛盾した立場に調和をもたらす。その調和は、比例原則が正当な目的の追求に加えて、目的-手段-関係の保持、そして最終的には相反する二つの利益の衡量を要求することによってもたらされる[14]。法律や個別的な措置は、この均衡のとれた調和を可能にし、あるいは創出しなければならないのである。

III. 把握することが困難な、しかし（ほとんど）あらゆる場面で適用される原則

　憲法の比例原則と行政法の比例原則とは区別することができる。憲法上の原則は行政法上の原則から発展したが、その後、憲法上の原則が行政法上の原則

---

14) Mit Berufung auf BVerfGE 19, 342, 349 s. BVerwGE 38, 68, 70; *Wieacker*, in: Lutter (Hg.), FS Robert Fischer, 1979, S. 867, 878 ff., zu den antiken Wurzeln S. S. 874 ff.

に影響を与え、後者を形成してきた。その構造の点で、二つの原則は異ならない。

　憲法の最終的な解釈者である連邦憲法裁判所（BVerfG）は、憲法上の比例原則をドグマーティッシュに一義的に秩序づけてはいない。同様に、憲法判例もまた、憲法中の厳密な手がかり（Anknüpfungspunkt）に依拠しているわけではない。むしろ、憲法判例は、法治国原理のみから[15]、または法治国原理と基本権との関係から[16]、比例原則を導き出した。比例原則は、法治国原理の一環として基本法第79条3項に従って変更に抗う基本法の核心に属する。比例原則は、一方でドイツの（憲法）秩序にとって卓越した価値を示している。他方で、比例性は憲法の変更さえも審査しうる包括的な基準となる[17]。

　それに加えて、比例原則は、多くの個別法の中で規定されている。例えば、比例原則は、警察法または建設法に見てとれる[18]。仮に法律の中に当該原則の明確な規定が欠けているとしても、行政および裁判所は、比例性という憲法上の要請を通して当該原則に拘束されている。連邦行政裁判所（BVerwG）は、これを「行政法の一般原則」[19]と表現している[20]。

　警察法に由来する「古典的」概念では、比例原則はもともと負担的な行政上の措置、すなわち国家が個人の権利を侵害するような措置のみを対象としていた。この位相に適用された背景には、法は共同体に資するものだが、他方で共同体に対して個人の利益を尊重し、保護しなければならないという上述の考え方がある。この侵害の場面は、依然として比例原則の主要な適用場面である。

　行政の比例原則への拘束は、まず、官庁に決定の余地が与えられているとき

---

15) BVerfGE 23, 127, 133 ; s.t. Rspr. ; s. auch z.B. BVerwGE 38, 68, 70.
16) BVerfGE 19, 342, 348f. ; s.t. Rspr.
17) S. dazu *Petersen*, KJ 2004, 316, 321 f.
18) S. z.B. § 2 PolG NW ; § 58 VwVG NW, § 87 BauGB ; § 53 I, II AufenthG.
19) BVerwG, Urt. v. 25. 08. 1971, Rs. BVerwG IV C 23. 69, BVerwG DÖV 1971, 857, 858.
20) 日本の行政法における当該原則の位置づけが明確ではないことにつき、*Huang/Law*, in : Bignami/Zaring (Hg.), Comparative law and regulation, 2016, S. 305, 308-313.

に、その役割を発揮する[21]。古典的な説明によれば、行政は不確定法概念や裁量規定がある場合に決定の余地を有する。不確定法概念は、規範上の事実の側面、すなわち要件に関係するが、裁量は特定の法的結果の命令に関係する。

1．不確定法概念

しばしば、法律は不確定な法概念を用いる。法の適用に際して起こりうるあらゆる状況を予見することは、立法者には不可能である。立法者は不確定法概念によって個別事情に決定を適合させることを可能にするため、法の適用者に決定の余地を与える。したがって、例えば、営業法35条1項1文は、信頼性を欠く事業者から営業許可を撤回しなければならない旨を定めている。「信頼性を欠く（Unzuverlässigkeit）」が何を意味するかは、規範の文言自体からは明らかではない。この場合、規範の意味内容を明らかにすることは、行政の任務である。

営業法35条1項1文の例は、解釈の具体的な結果がしばしば名宛人に重大な結果をもたらしうることを示している。事業者が信頼できないと評価された場合、事業者から営業許可が撤回されなければならず、そして事業者はもはや自らが選択した職業を営むことができなくなり、それは職業の自由に関する基本権への重大な侵害となる。したがって、行政は、常に憲法に適合するように不確定法概念を解釈し、比例原則も遵守しなければならない[22]。行政による比例性の適用は、原則として完全な裁判コントロールに服する[23]。

---

21) Vgl. BVerfG, Urt. v. 24. 7. 2017, Rs. 2 BvR 1487/17, NVwZ 2017, 1526, Abs. 41 ; *Kloepfer*, in : Schmidt-Aßmann (Hg.), Festgabe 50 Jahre Bundesverwaltungsgericht, 2003, S. 329, 337 ; 裁量規定に関する比例原則の例として、BVerwG, Urt. v. 26. 3. 1955, Rs. I C 149. 53, BVerwGE 2, 36, 38 ; 不確定法概念（ここでは「より重要な理由（wichtiger Grund）」）の例として、BVerwG, Urt. v. 21. 6. 1990, Rs. BVerwG 5 C 66. 85, BVerwGE 85, 188, 192 f. ; ebenso BVerwG, Urt. v. 21. 6. 1990, Rs. BVerwG 5 C 45. 87, BVerwGE 85, 194, 198 ff.

22) 解釈の憲法適合性については、例えば、*Lüdemann*, JuS 2004, 27 ; 適用例については、BVerwG, Urt. v. 16. 3. 1982, Rs. 1 C 124/80, juris, Rn 15 ff.

2．裁量決定

　裁量決定とは、行政庁が行動を起こすかどうか、場合によってはどのように行動するかについて、自ら決定する余地を有することを意味する。立法者は、この余地を示すために、「できる（kann）」や「よい（darf）」などの概念を用いる。これにより行政は、公共の福祉に最大の便益をもたらす方法で、限られた資源を利用することが保障されることになる。しかし他方で、このことは行政の余地が無制限ではないことをも意味する。学説や判例では、行政裁量の様々な限界が開発された。その限界の一つが比例原則である。比例原則の遵守は、行政裁判所法114条1文に則り、行政裁判所によって完全に審査される[24]。

Ⅳ．「古典的」比例性審査

　行政庁がその行動に関して比例的に行動したかどうかの審査[25]は、三つのステップで行われる。しかし、この本来の比例性審査の前に、行政上の措置の目的がまず確認されなければならない。すなわち行政上の措置は、客観的かつ法的に正当な目的に資するものでなければならないのである。この目的は、当該措置の根拠となる法律自体から導かれる[26]。

　これにより初めて、目的‐手段関係が成立しているかどうかの審査が行われる。問題の措置が、目的を達成するために合目的かつ必要であり、全体として均衡が保たれていなければならない。これらの要件の一つが満たされない場合、その時点ですでに当該措置は比例的とはいえず、全体として違法なのである。合目的性および必要性は、個々の事案における事実の態様に関連し、相当性の審査は法的な状況に関連する[27]。

---

23) BVerfGE 84, 34, 49 f.
24) *Schoch*, Jura 2004, 462, 469.
25) *Maurer/Waldhoff*, Allgemeines Verwaltungsrecht, 19. Aufl. 2017, § 10, Rn 51.
26) *Kraft*, BayVBl. 2007, 577, 579.

1. 手段の合目的性 (Geeignetheit)

　審査の第一段階は、手段の合目的性の審査である。すなわち、措置は意図された目的を達成するために適したものでなければならない。当該措置が目的の達成を促進すれば十分であり、それが必ずしも実際に目的を達成する必要はないとされている。合目的性の要件は、行政上のあらゆる措置が公益のために行われなければならない、という考え方に基づいている。しかし、ある措置が公益を促進すらできない場合、公益との関連性は認められない[28]。

　裁判所は、合目的性を評価する際に、措置が命ぜられる前の行政の立場に身を置くことになる。したがって、事後的に得た知識はこの評価には入りこまない。さらに、裁判所は、特に危険防御の領域において、通常は行政に対して予測の余地を認める[29]。この場合に問題は、正しいかどうかの問題から、何らかの事柄について正しいかどうかを誰が判断してよいかという問題に移行する[30]。この点について、行政は、多くの場合、より詳しい専門知識を有しており、評価に関して裁判所に対し優位な立場にある。しかし、裁判所は、少なくとも行政庁の予測について蓋然性の観点から審査する。行政庁に対する司法の抑制ゆえ、合目的性は、ことさら厳格なフィルターというわけではなく、最終的に明らかに不適切な措置のみを除外するにすぎない[31]。

2. 手段の必要性 (Erforderlichkeit)

　比例性審査の第二段階である手段の必要性の審査は、上述したように現代の比例原則の本来的かつ歴史的な核を示している。この段階では、行政と裁判所は、選択された手段に代えて、関係者を強く害することなく、意図した目的を

---

27) *Klatt/Meister*, JuS 2014, 193, 194.
28) So BVerwGE 26, 131, 133.
29) *Groß*, DöV 2006, 856, 858.
30) *Baer*, in : Bultmann (Hg.), Allgemeines Verwaltungsrecht, 2014, S. 117, 122.
31) *Kloepfer*, in : FS 50 Jahre BVerwG, 2003, S. 329, 334.

少なくとも本来予定していた手段と同等に効果的に達成する代替手段を利用できるかどうかを審査する[32]。より穏やかで、同じ程度で合目的な選択肢がない場合にのみ、当該措置は必要となる。しかし、必要性からは行政庁の手続的な説明義務も生じる。すなわち、行政庁が別の方法の探求を怠るならば、すでに当該措置は必要ではないことになる[33]。

連邦行政裁判所の判例では、必要性は手段の合目的性よりもはるかに大きな役割を演じている[34]。合目的性の欠如を理由とする場合よりも、必要性の欠如を理由とする場合のほうが、当該措置が比例性に反すると判断されるのは明らかである[35]。他方で、連邦行政裁判所は、ある措置が合目的性の点で劣るために考慮すべき代替措置をとらないという実務上の困難も理解している。例えば、駐車禁止地区にある外国のナンバープレートのついた自動車について、牽引前に停車した者を発見することは、それが通常は成功しない見通しがたつため、行政庁は必ずしもその者の発見を試みる必要はない[36]。ある措置の必要性に関する裁判所の審査にも、措置をとる前の行政庁の視点で必要性を判断するという事前基準（der ex-ante-Maßstab）が適用されることになる。代替措置が同程度の有効性を備えているかどうかが不確かな場合、合目的性の場合と同様に、裁判所は、行政に評価の余地を与える。

---

32) *Maurer/Waldhoff*, Allgemeines Verwaltungsrecht, 19. Aufl. 2017, § 10, Rn 51.
33) 例えば、行政庁が考えうる唯一の手段であることを確認していないであろう「配慮的収用（vorsorglichen Enteignung）」の場合について、BVerwGE 2, 36, 38f.
34) *Kloepfer*, in : FS 50 Jahre BVerwG, 2003, S. 329, 334.
35) 例えば、武器を保有する資格がない者に対する武器売却の命令は、補償なしで武器を没収するよりも穏やかで同等に適した手段であるとした、BVerwGE 13, 258, 259 ; また、バス運転手の運転能力の調査のために、原則として医療精神鑑定（MPU-Gutachten）の代わりに他の専門医鑑定を可能にすることは、より穏やかで同等に適切な手段であるとした、BVerwGE 98, 221, 226.
36) BVerwGE 102, 316, 319f.

3．手段の相当性（Angemessenheit）

　比例性審査の三番目、すなわち最後の段階では手段の相当性が審査される。この段階は、比例性審査の「心臓」とも呼ばれる[37]。選択された手段が目指すべき目的の価値に比して不均衡でない限り、それは適切であるというものである[38]。この段階では、措置によって追及される目的の価値が、当該措置によって影響を受ける利益の価値と衡量されることになる。しかし、競合する法益の価値が抽象的に比較されるのではない。そうではなくて、衡量に際して、どの程度強い不利益が生じるかが重要となる。すなわち、侵害が強ければ強いほど、措置によって追及される目的の価値は高くなければならないのである。また、どのようにして手段が目的を促進しうるかを考慮に入れなければならない。ある措置の効果がわずかに認められるにすぎない場合、当該措置は高次の法益を保護するとしても均衡を失することがある。

　リューネブルク高等行政裁判所が、増築のための後退処分（Rückbauverfügung）の合法性について判断しなければならなかった事案のなかに衡量の例をみることができる。この処分は、建物が土地の境界から3mの距離を維持しなければならないところ、3cmから6cmほどそれを下回ったため発令された。裁判所は、この処分について均衡を失すると判断した。裁判所は、まず、そのようなわずかな偏差は経験上頻繁に生じるものであって、本件では少なくとも意図的に行われたものではない、と判断理由を述べている。さらに、そうした偏差は原告や隣人に対して取り立てて言うほどの利益や不利益をもたらすわけではなく、また公益を損なう程度も大きくはないとしている。それと対照的に、後退措置は非常に費用がかかり、高コストを伴うとも判示している[39]。

　この比例性審査の第三段階は、繰り返し批判を呼び起こしている。批判者

---

37)　*Klatt/Meister*, JuS 2014, 193, 196.

38)　*Maurer/Waldhoff*, Allgemeines Verwaltungsrecht, 19. Aufl. 2017, § 10, Rn 51.

39)　OVG Lüneburg, Urt. v. 28. 2. 1983, Rs. 6 A 69/82, Baurechtssammlung 40, Nr. 226 40, 1983, Nr. 226.

は、相当性の審査は最終的には恣意的になり、運用可能な基準として適していないと指摘する。批判者は、特に相当性の審査は裁判所に測ることのできない価値の比較を求めることになるというのである[40]。相当性の審査は、立法者や行政の評価に代えて法適用者の評価を貫徹させ、法適用者にとって個人的に好ましい結果をうることを可能にする。結果として、この基準は、立法、行政および司法の関係の中でとらえられる解釈権を、司法権に移動させることになる。したがって、この審査は立法者の意思を軽視し、基本法が予定する権力分立を損なう危険をもたらすという[41]。

　しかし、裁判所が立法者と行政の衡量決定を統制する機会を奪われるならば、司法統制の有効性は限定され、それゆえ司法による個人の権利保護の有効性も著しく低下することになる。前述したリューネブルク高等裁判所の例がそれを示している。当該事案では、行政は明らかに常識を欠いていた。もっとも、こうした例は立法府と執行府の管轄領域に干渉しないように、裁判所が衡量に際して自制しなければならないことをも意味している。したがって、連邦行政裁判所は、衡量に際して、明白性コントロール方式を用いて消極的な審査を行うこととし、明白にバランスを欠く措置のみが均衡を失すると宣言するにとどめている[42]。この裁判所の自制に立法と行政の評価の余地および決定の余地に対する尊重が表れている。

---

40) Grundlegend *Schlink*, Abwägung im Verfassungsrecht, 1976.
41) Vgl. für die Kritiker z.B. *Ossenbühl*, Jura 1997, 617, 619 ; *Reimer*, in : Jestaedt/Lepsius (Hg.), Verhältnismäßigkeit, 2016, S. 60, 69 f. m.w.N.
42) *Kloepfer*, in : FS 50 Jahre BVerwG, 2003, S. 329, 336 ; 連邦行政裁判所が、総じて比例性審査に際して抑制的であることについて、*Bumke*, Die Verwaltung 45 (2012), 81, 108.

V．比例原則の適用範囲の拡張

　ここ数十年間で、行政の役割の理解や活動形式は大きく変化した。その変化には比例原則の適用範囲の拡大も伴なった。それは給付行政の領域と並んで、とりわけ羈束決定に当てはまる。この拡張はまた基本法で予定された権力分立がなお遵守されるのかどうかという問題を投げかけている。

1．給付行政における比例性？

　まず比例原則の価値は、個人の権利への侵害が欠如する給付行政の領域で高められた[43]。個人の権利領域への侵害に代えて、給付行政の領域では個人が国から受け取る給付が問題となる。例えば、判例では特定の行政サービスのための手数料率は便益と不均衡であってはならないとされている。したがって、給付行政においても比例原則の考え方は適用されるのである。この事案では最終的に「正当な」手数料[44]が問題となる。州から学生に与えられた資金援助の場合にも、連邦行政裁判所は合法性の基準として比例原則を適用している。行政庁は、援助により利益を受ける者を決定する際、異なる扱いを受けた二つのグループ間の差別化は、グループ相互間で比例的となるよう留意しなければならないとしている[45]。

2．羈束決定における比例性？

　次に比例原則の価値は、羈束決定に関しても認められている。不確定法概念を含まず、裁量を予定しない規範を行政庁が適用する場合の決定は拘束されている。この場合、立法者が自ら要件と法的効果を確定するため、行政には規範

---

[43] *Kloepfer*, in：FS 50 Jahre BVerwG, 2003, S. 329, 333 ; *Ossenbühl*, Jura 1997, 617.

[44] *Ossenbühl*, Jura 1997, 617, 620 ; S. z.B. BVerwGE 79, 90, 91 ; 80, 36, 39.

[45] Vgl. BVerwGE 85, 188, 192f. この判決は、連邦憲法裁判所により展開された「新たな定式（neue Formel）」に遡ることについて、BVerfGE 55, 72.

の適用に際して独自の判断の余地はない。したがって、古典的な考え方によれば、比例原則は本来適用できないことになる。

　しかし、最近の行政裁判所は、この古典的な原則に問題を提起する判決を繰り返して出した。ミュンスター高等行政裁判所は、試験法に関する判決の中で「羈束された行政決定においても、意図された法的効果が比例原則に適合しているかどうかについて審査される」[46]と述べている。この事案は、大学入学資格試験の受験者が試験の招喚状に記載された予定時刻を読み違えてしまったため、口述試験の機会を逸してしまったというものである。法規範で確定された法的効果に従って、試験は「不可（ungenügend）」と評価された。試験法に関する別の事案では、連邦行政裁判所は、「すべての侵害権限は、あらゆる事案で比例原則を満たすように行使されるという留保のもとにある。」[47]と判示した。最後の例になるが、行政裁判所は、少なくとも三年の自由刑または特定の犯罪を理由に自由刑の判決が宣告された外国人の国外退去に関しても、比例性の審査を実施した[48]。根拠規範の明確な文言によれば、行政庁は、決して固有の活動余地を有していなかった。

　これらの判決やいくつかの判決は[49]、それぞれの関係者が置かれていた不当に過酷な状況により理由づけられた。大学入学資格試験の受験者は、単なる誤読のために同一学年を繰り返すことになってしまうし、処罰されることとなった外国人は、場合によっては家族と引き離され、ドイツでの個人的な関係は永続的に捨て去られることになろう。行政裁判所は、本質的に対立する諸利益を衡量し、結果的に措置の相当性を審査した。

　この新しい判例は、ほとんどの文献で批判的に評価されている。比例原則を

---

46)　OVG Münster, Urt. v. 18. 6. 2008, Rs. 19 B 870/08, verfügbar bei juris, Rn 11.
47)　BVerwG, Urt. v. 21.3.2012, Rs. 6 C 19/11, NVwZ 2012, 1188, 1190（著者による強調）.
48)　要件充足に際して強制退去を予定した滞在法旧 53 条に基づく決定について、例えば、Hamburgisches Oberverwaltungsgericht, Urt. v. 24. 3. 2009, Rs. 3 Bf 166/04, verfügbar bei juris, Rn 82 ff.；OVG Münster, Urt. v. 26. 05. 2009, Rs. 18 E 1230/08, verfügbar bei juris, Rn 3 ff.
49)　すぐれた概観を与えるものとして、*Barczak*, VerwArch 105 (2014), 142, 158 ff.

拘束的な決定にも及ぼすことは、議会制度における立法者の意思を損なうことになるというのである。立法者はまさに自らの衡量の結果として強制的に法的効果を命じたのであり、行政はそれを実施するにすぎず、なお自ら衡量するべきではないというわけである。衡量を行政に求めることは立法者の明確な意思および法律の文言に反することになり、「行政が法律の文言に従うならば行政行為は廃止され、行政が法律の文言を無視する場合にのみ行政の決定は訴訟に耐えうる」[50]という帰結をもたらすことになる。

　こうした事案に関する正しい対処策は、根拠規範の合憲性自体を疑うことであり、かつ、生じうる例外的な状況を考慮することなく厳格な法的帰結を命ずることが基本権の侵害につながりうるという問題を認識することであろう。しかし、この問題は、行政裁判所だけでは解決できない。ある規範の合憲性に疑問がある場合には、基本法100条1項に則り当該問題に関して最終的な決定権限を有する連邦憲法裁判所に審理を求める必要がある。そうすることにより、当該手続が立法者の判断の優位性をある程度守ることになる。連邦憲法裁判所の価値決定は、行政裁判所が疑義をさしはさむ対象にはなりえない。むしろ、ここでは憲法裁判所への問題提起の義務が、法秩序および憲法秩序の一貫性を同時に保護する制度的な装置となるのである。

VI. 結　語

　比例原則の適用分野の拡張により明らかとなるのは、比例原則は歴史的な原型（Wurzeln）から二つの点で隔たりがあるということである。すなわち、内容の拡張と適用分野の拡張である。比例性審査は、内容的にはもともと必要性に関するものにすぎなかったが、今日の基準はさらに相当性の審査を伴うにいたっている。適用領域に関しては、比例性は、当初、警察法だけに適用された。その後、それはあらゆる行政法領域で採用されている。比例性審査は、今や本

---

50)　*Naumann*, DöV 2011, 96, 100 ; 極めて批判的見解として、*Barczak*, VerwArch 105 (2014), 142 ; S. auch *Mehde*, DöV 2014, 541.

来想定されていた——活動余地を通して有用性をうる——侵害行政とは明らかに異なる多くの場面をカバーしている。しかし、この原則は必ずしも同じ形を取るわけではない。すなわち、侵害行政に関してのみ、合目的性、必要性および相当性の全三段階の審査が行われるのに対し、他の領域では、審査は主に目的と手段の合法性および相当性の枠組みの中での衡量に焦点を合わせている[51]。

　行政法における比例性審査は、総じて成功の歴史である。たしかに、比例性は、裁判所に強力な統制の可能性を与えることになる。しかし連邦行政裁判所は、これまでのところ節度を守ってこの統制権限を行使しており、相当性の審査に際して控えめであった。したがって、比例性は、立法府と行政府の評価の余地を同時に尊重しながら、行政の効果的な司法統制に均衡のとれた調整をもたらす極めて有効なドグマーティシュな手段である。

---

51) *Pieroth*, in : Kment (Hg.), Das Zusammenwirken von deutschem und europäischem öffentlichen Recht, 2015, S. 587, 597.

解　題

　1．本講演でも触れられているが、比例原則は、世界中の法律制度に定着している原則であり、ドイツの発明品である。また、今日では、比例原則が法令審査に際して重要な役割を果たしているが、実は、ドイツの警察行政に由来するする原則であることにふれられている。以上は、日本の行政法学において広く認識されているところであるが、学部生には新鮮に受けとめられたかもしれない。ドイツの行政法に関する文献ではしばしば引用される、比例原則は大砲で雀を撃つことを許さない、との20世紀に生まれた名言も紹介されている。18世紀のプロイセンでは、警察は雀を大砲で打つことも許された状況にあったが、プロイセン高等行政裁判所が、警察上の措置の審査準則として、合目的の原則および必要性の原則を発展させ、今日の比例原則への発展の端緒を開いた。基本法の制定後、これに相当性の原則が加わり、現在の三段階構造が確立されるにいたったことが明らかにされている。

　2．本講演では、三つの原則について、具体的な事例を用いながらわかりやすく解説がなされている。また講演では、比例原則が法の有用性と人権保障という、相反する目的に基づいていることが明らかにされる。すなわち、法とその適用は公益に資すると同時に個人の利益を十分に考慮しなければならない。比例原則は、これら二つの矛盾した立場に調和をもたらすことができる。法律や個別的な措置は、この均衡のとれた調和を可能にし、あるいは創出しなければならない。こうした思考は、行政法にかかわらず、あらゆる法の領域で求められることも指摘されている。不確定法概念と裁量の概念が日本の行政法学とは異なることも、学部生には注意が必要である。ドイツ行政法学では要件面において、裁量の概念は用いられない。不確定法概念の意義を明らかにすることは行政の任務とされている。比例原則は、不確定法概念の解釈が厳しすぎる結果とならないよう行政に求めるのである。ドイツ行政法において裁量の概念は、効果面について用いられる。比例原則は、厳しすぎない結果を求めるという点で、不確定法概念の解釈や裁量を限界づける原則である。

ここまでは、古典的な比例原則のかたちを明らかにする内容であった。その後、講演では、最近の比例原則の内容的な変化に着目された。すなわち、適用範囲の拡張である。講演では、給付行政と羈束決定に比例原則が適用されている状況を明らかにしている。給付行政については判例が、特定の行政サービスのための手数料率は便益と不均衡であってはならないと判示しているという。羈束決定に関する判例としては、試験法が取り上げられた。この事案は、大学入学資格試験の受験者が試験の招喚状に記載された予定時刻を読み違えてしまったため、口述試験の機会を逸してしまったというものである。法規範で確定された法的効果に従って、試験は「不可（ungenügend）」と評価されたが、受験者が単なる誤読のために同一学年を繰り返すことになってしまうことの相当性について行政裁判所が審査を行った。こうした傾向については、衡量を行政に求めることは立法者の明確な意思および法律の文言に反することになり、「行政が法律の文言に従うならば行政行為は廃止され、行政が法律の文言を無視する場合にのみ行政の決定は訴訟に耐えうる」という帰結をもたらすことになるとの批判がある。このような場合、講演者は、本来、根拠規範の合憲性自体を疑うべきであるとし、憲法裁判所の役割を重視する。

3．ドイツの比例原則は、もともと警察法だけに適用され、適用領域は侵害行政に限られていたが、給付行政や羈束決定にまで適用範囲が拡張している。この点は、日本の行政法とは異なる展開を見せているといえるだろう。羈束決定への比例原則の適用については、上述のとおり、講演者は行き過ぎであると考えているようであるが、行政法における比例性審査は、総じて成功の歴史である、と締めくくっている。講演者は、たしかに比例性は裁判所に強力な統制の可能性を与えることになるが、連邦行政裁判所は節度を守ってこの統制権限を行使していると評している。そして、比例性は、立法府と行政府の評価の余地を同時に尊重しながら、行政の効果的な司法統制に均衡のとれた調整をもたらす極めて有効なドグマーティシュな手段であると、比例原則の重要性、有用性を認めている。

第3章
家族関係事件に対する
ヨーロッパ人権条約第8条の意義

Die Bedeutung von Art. 8 EMRK für Familiensachen

ニールス・ペーターゼン
Niels Petersen

訳・解題 鈴 木 博 人

目　次

Ⅰ．ヨーロッパ人権条約とドイツ法にとってのその意義
　1．ヨーロッパ人権条約
　2．ドイツ法上の地位
　3．EGMR の判例の顧慮

Ⅱ．家族法への EMRK の影響
　1．婚外子の法的地位
　2．父母の法的地位
　3．代理母問題
　4．同性パートナー関係および性同一性障害者のパートナー関係

Ⅲ．結　　語

解　題

第3章　家族関係事件に対するヨーロッパ人権条約第8条の意義

　ドイツ私法は、すでに長年にわたり、憲法に適合するように［解釈が］変更されてきた。連邦憲法裁判所は、有名なリュートゥ判決で、民事裁判所は、私法解釈の際に、憲法上の価値判断も顧慮しなくてはならないと判決した[1]。このことは、民法一般についてだけではなく、家族法も含む私法の全領域に当てはまる。その場合、解釈の基準として、とりわけ基本権が考慮される。基本権のうち、家族法上最も重要な憲法規範は、基本法6条——婚姻と家族の保護である。

　しかしながら、ここ数十年間、別の基本権目録が、今でもなお、ドイツ憲法の基本権よりも、私法解釈にとってより大きな意義を持っている——つまりヨーロッパ人権条約（以下ではEMRKと表記）がそれである。EMRKは、ヨーロッパ諸国間の人権保護のための国際条約である。この条約では、家族法にとって三つの規定が特に重要である。すなわち、EMRK8条の私生活および家族生活の尊重を求める権利、EMRK12条の婚姻締結の権利、そしてEMRK14条の差別禁止の三つである。本日の講演で、私は、家族関係事件に対するEMRKの意義を概観したいと考えている。この講演での重点は、ヨーロッパ人権裁判所（EGMR: Europäischer Gerichtshof für Menschenrecht, 以下ではEGMRと表記）の判例で、家族法にとって最も重要な規範であるEMRK8条にある。もちろん、適切なところでは、EMRK12条および14条も引合いに出すことになる。

　本日の講演は、二つの部分に分かれている。第Ⅰ部ではEMRKについて、ドイツ法でのその位置づけおよび民事裁判所にとっての意義を概観する。次いで、第Ⅱ部では、家族法の様々な領域に取組み、そしてEMRKが家族法の諸領域でどんな影響を与えているかを示すこととする。その際、私は、判例上特に重要な役割を果たしている、四つのテーマ領域に言及する。すなわち、非婚の子の法的地位、互いに別居生活している父母の法的地位、代理母問題および同性パートナー関係という四つの領域である。さらに、EMRK8条は、外国人夫婦の滞在権問題にとっても重要な意義を持っている[2]。ただし、この点につ

---

1) BverfGE 7, 198 (*Lüth*).

2) *Dagmar Coester-Waltjen*, Grundgesetz und EMRK im deutschen Familienrecht, JZ

いては、――少なくともドイツでの理解によると――家族法上の問題というよりもむしろ公法上の問題とされているので、この問題については、これ以上詳しくは掘り下げない。

I．ヨーロッパ人権条約とドイツ法にとってのその意義

1．ヨーロッパ人権条約

　EMRK は、第二次世界大戦後の 1950 年に締結されて、1953 年に発効した国際条約である。この条約を批准するかは、ヨーロッパ評議会の各加盟国に委ねられている。同時にヨーロッパ評議会のすべての加盟国は、EMRK に加盟する（注・署名する）義務も負わされている。ヨーロッパ評議会は、ヨーロッパ連合（以下では EU と表記）と混同されてはならない。一般的な政治的協力と人権の促進のための組織がヨーロッパ評議会で、現在、47 の加盟国から構成されている。EU のすべての加盟国は、ヨーロッパ評議会の加盟国でもある一方、ヨーロッパ評議会の加盟国のすべてが、EU の一部を構成しているわけではない。例えば、ロシアあるいはトルコは、ヨーロッパ評議会の加盟国であるが、EU 加盟国ではない。

　EMRK の監督および実施のための主たる機関が、EGMR である。EGMR が、加盟国が条約に違反したかどうかを判断する。すべての［ヨーロッパ］市民は、基本的に、締約国が、EMRK によって保障されている人権を侵害したと主張して、EGMR に個別的異議を申し立てることができる。最も重要な異議申立ての許容要件は、第一に、異議申立人が EGMR を頼る前に、国内のすべての法的手段を尽くしていなければならないということである。

　EGMR の裁決は、締約国に対して、国際法上、直接的な法的拘束力をもつ。条約の一つの問題は、裁決実施のメカニズムが存在しない点である。したがって、締約国に、EGMR の裁決を実施するよう、無理矢理迫ることができない。

　　2007, 914 (917).

それにもかかわらず、EGMR の判決に従わないということは、しばしば締約国の信望に否定的影響を及ぼすので、多くの締約国は、形式的な制裁メカニズムが存在しなくても、EGMR の裁決を尊重する。

2．ドイツ法上の地位

　国内法上の EMRK の地位は、原則として、国際法と国内法に関する各国憲法のそれぞれの規定により決まっている。ドイツ法では、EMRK は、単一の連邦法という地位（Rang）にある[3]。このことは、原則として、例えば民法の規範のように、他の連邦法との抵触は、一般的な抵触回避規定に従って解決されうるということを意味する。抵触回避規定によれば、原則として、特別法（*lex specialis*）が一般法に、そして後法（*lex posterior*）が前法に優先する[4]。

　もちろん、連邦憲法裁判所は、国際法に親和的解釈の原則を展開した。この原則によると、法律は、可能な限り、国際法に合致するよう解釈されなくてはならない[5]。したがって、ある法律が、国際法に親和的な解釈の原則になじむときには、特別法および後法という抵触解決規定が用いられる前に、この原則が適用される。もちろん、国際法に親和的な解釈の原則は、一義的な文言または立法者の明確な意図がこのような解釈と矛盾しないかぎりという限界をもっている[6]。

　連邦憲法裁判所は、国際法に親和的な解釈を、単一の法律だけに限定しなかった。そうではなくて、連邦憲法裁判所の判例によれば、ドイツ基本法の規範も、原則として、国際法に親和的に解釈されなくてはならない。このことは、EMRK にとっては、特別な意義を持っている。判例によれば、ドイツ憲法の基本権は、EMRK に照らして解釈されなくてはならない。このことは、基本

---

3) BVerfGE 111, 307 (316 f.).

4) *Werner Heun*, in : Horst Dreier (Hg.), *Grundgesetz II*, Art. 59, Rn. 47.

5) *Hans-Peter Folz*, Germany, in : Dinah Shelton (Hg.), International Law and Domestic Legal Systems : Incorporation, Transformation, and Persuasion, 2011, S. 240 (245).

6) *Folz* (Fn. 5), S. 245.

法6条の家族の保護は、EMRK8条および12条に照らして解釈されなくてはならないということを意味する。同様に、EMRK14条も、基本法3条および6条の解釈にあたって顧慮されなくてはならない。

したがって、EMRKは、ドイツ家族法に二つの方法で影響を与えうることになる。まず、家族法規範を適用する民事裁判官は、潜在的に抵触状態になるときには、家族法規範をEMRK8条、12条および14条に照らして解釈しなくてはならない。EMRKに合致する解釈を行えないときには、その規範が合憲かどうかが審査されなくてはならない。その規範について、とりわけ基本法6条が、再びEMRKの規範に照らして解釈されなくてはならない審査基準として考慮されることになる。この場合、審査する裁判所の管轄が変更する。家族法上の規範のEMRKに合致する解釈は、民事裁判官自身によって行うことができるが、基本法6条に違反する規範の拒否は、強制的に連邦憲法裁判所によって行われなければならない。したがって、民事裁判官がある規範を違憲であるとみなすときには、この規範を基本法100条1項に従って、連邦憲法裁判所の審査に付さなくてはならないのである[7]。

3．EGMRの判例の顧慮

連邦憲法裁判所が20世紀から21世紀への転換期以来、何度も取組んだ問題は、ドイツの裁判所が、その裁決で、どの程度、EGMRの判例を顧慮しなければならないのかという問題である。この点について、根本的な意義をもっているのは、ゲルギュリュ事件での連邦憲法裁判所の判決である[8]。抗告人は、婚姻外関係出自の息子の配慮権および交流権を手に入れたいと考える父親だった。息子は、実の父が知らないまま、母によって養子に出されてしまった。父が裁判所に配慮権を申し立てたときには、この申立ては、最終審で、ナウムブ

---

7) *S. Reinhard Ellger,* Europäische Menschenrechtskonvention und deutsches Privatrecht: Die Einwirkung von Art. 8 und 10 EMRK auf die deutsche Privtrechtsordnung, RabelsZ 63 (1999), 625 (650 f).

8) BVerfGE 111, 307 (*Görgülü*).

ルク上級地方裁判所によって拒絶されてしまった。

　EGMRは、この点について、EMRK8条違反とみなした[9]。ナウムブルク上級地方裁判所が、その後新たに本件に当たらされたとき、EGMRの判決は、ドイツの裁判所にとって拘束力をもつものではないという理由を挙げて、そのもともとの判決を維持した。この判決を受けて、父親は、ナウムブルク上級地方裁判所の判決に対する憲法異議の訴えを申し立てた。連邦憲法裁判所は、ドイツの裁判所は、たしかにEGMRの判決に従うという絶対的な義務を負ってはいないかもしれないが、顧慮義務は負うと判決した[10]。このことが意味しているのは、管轄裁判所は、裁決について、顧慮義務を負っているにもかかわらず、なぜ国際法裁判所の法的見解に従わないのかということを「わかるように説明し、そして場合によっては後から検証できるように理由を挙げて説明し」なくてはならないということである[11]。この場合、EGMRの判決からの逸脱は、それが、競合する憲法の立場の保護に資するときにのみ許されるのである[12]。

　この点について、連邦憲法裁判所は、以下の諸判決で、何度も、EGMRの判決からの逸脱の障壁はきわめて高いということを判示した。例えば、連邦憲法裁判所は、2008年のカロリン・フォン・モナコ決定で、自らの判例をEGMRの判例に適合させるために、報道の自由と有名人の人格権との間の緊張関係についての判例を変更した[13]。連邦憲法裁判所は、もともとは、どちらかというと報道に親和的な方針を主張していたが[14]、EGMRは、比較考量の中で、公益のための報道の価値を考慮に入れた[15]。連邦憲法裁判所は、上述のカロリン決定でEGMRに大幅に従ったのである[16]。

---

9) EGMR, Urt. v. 26. 02. 2004, *Görgülü./. Deutschland*, APP. No. 74969/01.
10) BVerfGE 111, 307 (324).
11) Ebd.
12) BverGE, Az. 2 BvR 2485/07, NJW 2011. 207 (208).
13) BVerfGE 120, 180 *(Caroline von Monaco III)*.
14) BVerfGE 101, 361 *(Caroline von Monaco II)*.
15) EGMR, Urt. v. 24. 06. 2004, *Von Hannover./. Deutschland*, App. No. 593200/00.
16) BVerfGE 120, 180 (205 ff).

II. 家族法へのEMRKの影響

EMRKおよびドイツ法におけるEMRKの地位についての一般的な説明に続いて、本日の講演の第II部では、いくつかの具体的な問題に言及して、EMRKがこれらの具体的な問題について、家族法の解釈にいかに影響を与えているかをみていくことにする。家族法に関するEGMRの判例は、非常に内容豊富なので、必然的に［取り上げる問題を］選択せざるを得ない。以下では、特に四つの問題領域に視線を向けたいと思う。一番目に婚外子の法的地位について詳しく見てみることにする。二番目に父母がもはや共同生活をしていないときに、かれらの実子との関係での父母の法的地位に言及し、三番目に、代理母の問題を分析する。四番目に同性パートナー関係および性同一性障害者のパートナー関係の法的取扱いを詳しく論じてみることにする。

1. 婚外子の法的地位

多くのヨーロッパ諸国では、婚外子には長いこと、婚内子に比べて法的に冷遇されてきた点にも表れており、そして一部では今なお表れているスティグマがついて回っていた。EGMRは、その判決により、これらの法的冷遇を是正しようと試みた。EGMRの最初のパラダイム［を転換する］判決は、マルクス事件で下された[17]。本件は、ベルギーでの婚外子の出生に関する事件だった。当時のベルギー法によると、出生という事実だけでは、自動的には、法的母子関係発生には至らなかった。そうではなくて、婚外子の母は、法的に母という地位に就くために、自分の子を認知しなくてはならなかった。子の地位をさらに改善するためには、加えて、少なくない費用を伴う養子縁組も行わなくてはならなかった。

申立人は、この法実務に反駁したのだった。EGMRは、ベルギーの法状況

---

17) EGMR, Urt. v. 13. 06. 1979, *Marchx./. Belgien*, App. No. 6833/74.

に、母に対しても、娘に対しても、EMRK8条の家庭生活を求める権利の侵害を見て取った。母と娘の自然のつながりだけですでに家族を築いているので、二人の間の関係は、EMRK8条により保護されているのだという[18]。二人の間の法的関係の設定についてベルギー法が規定していた法的障壁は、正当化できるものでもないというのである[19]。さらに、EGMRは、ベルギーの法状況が、婚外子を婚内子よりも不利になる取扱いをしており、そしてこの区別は、伝統的家族の保護という目的によって正当化することができないので、EMRK14条の差別禁止にも違反すると判決した[20]。

また別の判決で、EGMRは、婚外子の法的地位の強化のために、第一に、EMRK8条の家庭生活への権利とEMRK14条の差別禁止との関連を論拠にした。ただし、これらの判決は、しばしば、直接家族法に関するものではなくて、相続法に関するものである。そこで、EGMRは、多くの判決で、婚外子を婚内子に比べて冷遇する相続法上の規定を、EMRK8条と結びついた14条違反とみなした[21]。

2．父母の法的地位

EGMRの判例が何度も取扱った問題は、婚外子あるいは離婚後の子との関係での実父母の交流権と配慮権の問題である。婚外子については、特に、子の実父母が別居した、もしくは初めから一度も共同生活しなかったときに、交流権と配慮権の問題が害毒をもたらすようになる。

多くの判決が、とりわけ、母に対する婚外子の父の法的地位にかかわるものである。この点に関して、EGMRは、非婚の父も、基本的に、EMRK8条の家

---

18) Ebd., Rn. 31.
19) Ebd., Rn. 36.
20) Ebd., Rn. 38 ff.
21) 例えば、EGMR, Urt. v. 28. 10. 1987, *Inze./. Österreich,* APP. No. 8695/79 ; Urt. v. 01. 02. 2000, *Mazurek./. Frankreich,* APP. No. 34406/97 ; Urt. v. 22. 12. 2004, *Merger und Cros./. Frankreich,* APP. No. 68864/01 ; Urt. v. 28. 05. 2009, *Brauer./. Deutschland,* App. No. 3545/04.

族概念に包摂されているということを原則として承認している[22]。そこで、中心的な問題は、父に対する交流権の拒絶が正当なものであるとみなすことができるかどうかである。この問題について、EGMRは、子の利益と親の利益の公平な利益調整を行うよう心がけている[23]。交流権問題については、親の配慮問題についてよりも、国内の役所や裁判所の評価権限には狭い余地しか認められないという[24]。利益衡量の際の基本的な考え方は、常に子の福祉であるとしている[25]。もちろん、自分の実父母との子の交流は、子の福祉の判断の際に顧慮されなくてはならない一つの要素であるとしている[26]。結局、EGMRは、しばしば込み入った論証をよりどころにしている。すなわち、EGMRは、国内の役所および裁判所が、その裁決で、すべての関係する利益を十分に顧慮したかどうかを調査するのである[27]。

EMRK14条の差別禁止も、この文脈では重要な役割を果たしている。そこで、EGMRは、婚姻している父に離婚後、婚姻していない父よりも強い法的地位を認める国内法規定のなかに、いつもきまって、EMRK8条と関連して、14条違反を見て取っている[28]。例えば、ホフマン事件は、もともと婚姻している父はその子との法定の交流権を持っている一方で、婚外子の父は、母の同意があるときにしか共同の子に面会できないということを定めたドイツ法の規定に関するものだった[29]。EGMRは、この規定に、婚外子の父の差別および

---

22) EGMR, Urt. V. 26. 05. 1994, *Keegan./. Irland*, APP. No. 16969/90, Rn. 44 ; Urt. v. 13. 07. 2000, *Elsholz./. Deutschland*, App. No. 25735/94, Rn. 43 ; Urt. 08. 07. 2003, *Sommerfeld./. Deutschland*, App. No. 31871/96, Rn. 44.
23) EGMR, Urt. v. 08. 07. 2003, *Shin./. Deutschland* [GK], APP. No. 30943/96, Rn. 66.
24) Ebd., Rn. 65.
25) Ebd., Rn. 64 ; Urt. v. 06. 07. 2010, *Neulinger./. Schweiz* [GK], App. No. 41615/07, Rn. 135.
26) Ebd., Rn. 136.
27) S. EGMR, Urt. v. 08. 07. 2003, *Sahin./. Deutschland* [GK], App. No. 30943/96, Rn. 70 ff.
28) S.ebd., Rn. 85 ff.
29) EGMR, Urt. v. 26. 05. 1994, *Hoffmann./. Deutschland*, APP. No. 34045/96.

EMRK8 条と関連する 14 条違反を見て取った。

　ツァウネガー事件も同じく、婚外子についての共同配慮権を対象にしたドイツ法の規定に関するものだった[30]。当時の文言のドイツ民法（以下では BGB と表記）1626a 条によると、婚外子について、父母の共同配慮は、母の同意を得たときにのみ父母に帰属するものだった。母が同意しないときには、母が単独の親の配慮［権］をもっていた。これに対して、婚姻している父母は、自動的に共同の親の配慮［権］をもっていた。たしかに EGMR は、婚外子について父に共同の親の配慮を拒絶するという理由が、とりわけ、父母の葛藤をはらんだ関係が、子の福祉を損なうときには、存在しうるということを承認した[31]。ただし、共同配慮は、母の同意が欠けている場合にも、子のためにならないということは自動的に推定することはできないとし[32]、それゆえ、ドイツ法の規定は EMRK8 条と関連して 14 条に違反するとした。

　EGMR は、二つの有名な事例で、母が子を養子に出してしまった後で、父の交流権問題について判決を下した。最初の事例はケーガン事件である[33]。申立人は、彼のパートナーと共同生活を送っていた。申立人のパートナーが妊娠した直後に、両親は別居した。子の出生後、申立人は、母および自分の娘と連絡を取ろうとしたが、無駄な試みに終わった。出生後 2 か月経って、母は、申立人に、娘を養子に出したと伝えた。

　アイルランドの裁判所は、父と子の遺伝的関係は、子の身上配慮について判断する際の複数の要因の一つであるにすぎないという判決を下した。心理学的鑑定が、子は、その養親の慣れ親しんだ環境から引き離されると不利益を蒙りうるという結論に達したので、アイルランドの裁判所は、養親に配慮権が与えられるべきであるという結論に達した。EGMR は、たしかにアイルランドの裁判所の評価を否認しなかったが、アイルランド法は、実父が不知で、かつそ

---

30) EGMR, Urt. v. 03. 12. 2009, *Zaunegger./. Deutschland*, App. No. 22028/04.
31) Ebd., Rn. 56.
32) Ebd., Rn. 58.
33) EGMR, Urt. v. 26. 05. 1994, *Keegan./. Irland*, App. No. 16969/90.

の同意なしに養子縁組の可能性を容認することによって、EMRK8条に違反したと判決した[34]。

すでに述べたゲルギュリュ事件での状況も類似の事情だった[35]。申立人は、後に自分の息子の母になる女性と交際していた。ただし、両者は、申立人が、その交際相手の妊娠を知る前に別れた。申立人が、妊娠を知らされた後、かれの［元］交際相手は、出生後、申立人に子の配慮は委譲されるものとするということに同意した。しかしながら、この合意に反して、［元］交際相手は、申立人に知らせずに、子を出生直後に養子に出した。申立人は養子縁組のことを知ると、裁判で、息子の配慮権を勝ち取ろうとした。最終審民事裁判所としてのナウムブルク上級地方裁判所は、たしかに、申立人は、十分に自分の息子を配慮することができる状況にあると認定したが、裁判官の自身の経験に基づき、すでに1年10か月養親のもとで過ごした子にとっては、養親の慣れ親しんだ環境から引き離されることは、精神的外傷を与えることになると判決した。

EGMRは、ドイツ国内の管轄官署と裁判所に、父母の権利と子の利益の緊張関係の判断に際しては、広い判断の余地が認められてしかるべきであると判決した[36]。ただし、ナウムブルク上級地方裁判所は、その判断の余地を本件では越えたと判断した。とりわけ、ナウムブルク上級地方裁判所は、養親から実父への息子の移動を配慮権の漸次的な委譲によって心理的外傷を負わないように、そしてそのようにして子および父の利益を十分に考慮するということが可能だったかどうかを十分に審査しなかったとした[37]。そこで、ナウムブルク上級地方裁判所の判決には、EMRK8条違反が存在するというのである。

交流権および配慮権についてのたいていの事例は、父の法的地位に関するものだが、EGMRが、母に対する配慮権の拒絶に条約違反を見てとったいくつ

---

34) Ebd., Rn. 55.
35) EGMR, Urt. v. 26. 02. 2004, *Görgülü./. Deutchland*, App. No. 74969/01.
36) Ebd., Rn. 41 ff.
37) Ebd., Rn. 46.

第 3 章　家族関係事件に対するヨーロッパ人権条約第 8 条の意義　57

かの事例も存在する。例えば、EGMR は、オーストリア［政府］とフランス［政府］を相手にした二つの事例で、裁判所は、母が特定の宗教団体、具体的な事例ではエホバの証人のメンバーであるという理由だけで、自分の子についての配慮権を拒絶できないと判決した[38]。そうではなくて、これらの判決では、宗教に基づく差別と同時に EMRK8 条と関連する 14 条違反が存在するというのである。

最後に、親の配慮ではなく、父性の取消しに関する EGMR のいくつかの事例が存在する。マルタ［政府］を相手にした事例では、EGMR は、生物学的な父子関係に疑義が存在する場合でさえ、婚内子の父性を取消す法的可能性を母の夫に与えない、マルタ法の規定に取組んだ。EGMR は、この規定のなかに、EMRK8 条違反を見て取った[39]。パウリク事件でも類似の状況が存在した[40]。申立人は、ある女性と性的関係をもっていた。その女性が婚外で娘を生んだとき、申立人が、出生前 180 日から 300 日の期間に、母との性的関係をもっていたので、申立人の父性が裁判を通じて確認された。娘の出生後ほぼ 40 年たって、関係者は、DNA 検査によって、申立人は娘の実の父ではないということを探り当てた。ただし、スロヴァキア法は、申立人にかれの父性を取消す可能性を与えていなかった。父性取消しの可能性の欠如に、EGMR は、EMRK8 条違反を見て取ったのである[41]。

3．代理母問題

私が論じたい次の問題状況は、代理母をめぐる状況である。代理母の場合、通例、試験管（*in vitro*）で体外受精された、子を望む父の配偶子をもつ胚が、子を望む父母いずれとも親族関係をもたない、いわゆる代理母によって懐胎さ

---

38) EGMR, Urt. v. 23. 06. 1993, *Hoffmann./. Österreich*, App. No. 12875/87 ; Urt. v. 16. 12. 2003, *Palau-Martinez./. Frankreich*, App. No. 64927/01.
39) EGMR, Urt. v. 12. 01. 2006, *Mizzi./. Malta*, App. No. 21111/02.
40) EGMR, Urt. v. 10. 10. 2006, *Paulik./. Slowakei*, App. No. 10699/05.
41) Ebd., Rn. 41 ff.

れる。胚は、いくつかの事例では、子を望む母由来のものである。その他の事例では、子を望む父の配偶子をもつ代理母由来の胚が人工受精で作られる。多くのヨーロッパ諸国では、このような代理母は禁止されている。そこで、ドイツでは、子を産んだ女性が、BGB1591条により母とみなされる。したがって、代理母ケースでは、法的な母は、代理母となると考えられる。代理母が婚姻しているときには、夫は、BGB1592条1号により自動的に子の父になるので、子を望む親の親性は、原則として法的には排除されている。

ドイツとは異なり、代理母は、多くの、とりわけヨーロッパ外の国ではしばしば認められている。それらの国では、親子の関係もしかるべく規定されているので、子を望む親は、子の法的な親にもなる。ドイツ人カップルが外国で代理母契約を結んで、子どもとともにドイツに帰国したいと考える場合に問題が発生する。代理母を禁じている多くのヨーロッパ諸国は、外国法によると、子を望む親を法的な親とみなすことができる場合でさえ、公序（ordre public）原則から、子を望む親を親として法的に承認することを拒否している。

最近、EGMRは、この状況についての原則判決（Grundsatzentscheidung）を下した。メネソン事件で、フランス国籍の二人の申立人は、カリフォルニア在住の一人の女性と取決めをした[42]。双子の出生後、カリフォルニアの裁判所は、申立人両名が、二人の子どもの法的な親であると判決した。それにもかかわらず、フランスの役所は、申立人に対して、法的な親であることの承認を拒絶した。EGMRは、フランスの役所や裁判所の判断によると、子ども達の利益は十分に顧慮されておらず、そしてそれゆえフランス［政府］は、EMRK8条に違反したと判決した[43]。

連邦通常裁判所も、ドイツ法について、この間に、2014年12月の原則判決で、代理母の場合に、子を望む親を法的な親であると承認する外国裁判所の判決は、公序に違反せず、そしてそれゆえドイツの役所によって承認されねばならないことを確認した[44]。その際、判決で、連邦通常裁判所は、明文をもって、

---

42) EGMR, Urt. v. 26. 06. 2014, *Menneson./. Frankreich*, App. No. 65192/11.
43) Ebd., Rn. 96 ff.

EGMRのメネソン判決を参照するよう指示した[45]。家事事件手続法109条1項4号の公序による留保の解釈の際には、EMRK8条およびこの規定を具体化しているEGMRの判例も顧慮しなければならないというのである[46]。

4．同性パートナー関係および性同一性障害者のパートナー関係

最後に、EGMRは、多くの判決の中のEMRK8条および14条に関する裁判で、同性カップルならびに性同一性障害者のパートナー関係の法的地位を取り扱った。1986年のリース事件では、EGMRは、同性カップルに対する婚姻の拒絶に条約違反を見て取らなかった[47]。とりわけ、本件では、EMRK12条でいう婚姻は、異性者同士であることを［婚姻］成立の指標として内包しているので、EMRK12条の婚姻締結に対する権利の侵害は存在しないというのである[48]。EGMRは、最近の判例でもこの点を固守した。例えば、EGMRは、2010年のシャルクおよびコップ事件（Rechtssache）で、同性カップルに対する婚姻の拒絶には、EMRK12条違反も、EMRK8条と関連した14条による差別禁止も存在しないという判決を下した[49]。

もちろん、同性カップルのために、かれらの家庭を形式的にも表現できるようにするために、法的枠組が作り出されなくてはならない。オリアリ事件では、同性カップルが、イタリアでは同性カップルのための登録されたパートナー関係の可能性さえ存在しないと異議を唱えていた[50]。EGMRは、イタリア［政府］は、同性カップルにそもそも法的結びつきの可能性を与えていないことによって、EMRK8条の保護義務に違反したという判決を下した[51]。

---

44) BGHZ 203, 350.
45) Ebd., Rn. 42.
46) Ebd.
47) EGMR, Urt. v. 17. 10. 1986, *Rees./. UK*, App. No. 9532/81.
48) Ebd., Rn. 49.
49) EGMR, Urt. v. 24. 06. 2010, *Schalk und Kopf./. Österreich*, App. No. 301401/04.
50) EGMR, Urt. v. 21. 07. 2015, *Oliari./. Italien*, App. No. 18766/11 und 36030/11.
51) Ebd., Rn. 165 ff.

グッドウィン事件では、EGMR は、国の関係当局は、原則として、申立人の性転換を、本人の身分の適切な変更によって承認する義務を負うと判決した[52]。ただし、この義務は無限定なものではない。このことを、ヘメレイネン事件での EGMR の判決が判示している[53]。この事件では、男性として生まれて、女性と婚姻していた申立人は、性転換手術を受けていた。申立人が、本人の身分の適切な変更を申請したとき、この変更が役所によって拒絶された。申立人が女性と婚姻しているので、申立人の身分の変更は、フィンランド法によると認められていなかった同性婚に帰着することになると考えられる。EGMR は、この拒絶を、EMRK8 条違反とはみなさなかった[54]。申立人は、身分変更によってその婚姻をフィンランド法上の同性パートナー関係に転換することが可能だったのではないかというのである。したがって、フィンランド［政府］は、EMRK8 条に由来する義務を十分に果たしていたというのである。EMRK8 条の上での義務は、身分変更によって、同性婚の可能性が開かれなくてはならないというところまでは及ばないというのである。

　さらに、EGMR は、様々な判決で、同性愛者である申立人たる両親の子どもに対する法的関係について判断を示した。E.B. 対フランス事件で、EGMR の大法廷は、申立人が同性愛であるということは、申立人に養子縁組を拒絶するのに十分な理由とはいえないという判決を下した[55]。むしろ、そこには、EMRK8 条と関連する 14 条違反が存在するという。このことは、とりわけ、――フランスでは可能なのだが――単独でも養子縁組を行うことができる場合に意味があるという。サルゲイロ・ダ・シルヴァ・モンタ事件では、EGMR は、父親が同性愛者であるという理由だけで、父親に配慮権が拒絶されるときにも、EMRK8 条と関連する 14 条違反が存在すると判断した[56]。

---

52) EGMR, Urt. v. 11. 07. 2002, *Goodwin./. UK*, App. No. 28957/95.
53) EGMR, Urt. v. 16. 07. 2014, *Hämäläinen./. Finnland*, App. No. 37359/09.
54) Ebd., Rn. 69 ff.
55) EGMR, Urt. v. 22. 01. 2008, E.B../. Frankreich [GK], App. No. 43546/02.
56) EGMR, Urt. v. 21. 12. 1999, Salgueiro da Silva Mouta./. Portugal, App. No. 33290/96.

総じて、ここでの概観が示しているのは、EGMR は、同性愛者および性同一性障害者の権利を保護するために、EMRK8 条も 14 条も援用しているということである。たしかに EMRK からは、婚姻を求める権利は明らかにならない。ただし、同性カップルのパートナー関係は、法的に保護されなくてはならない。付言すると、EGMR は、唯一、性的志向性あるいは性同一性障害だけを根拠にして同性愛者あるいは性同一性障害者が受ける差別に反対しているのである。

Ⅲ．結　　　論

　私の結論は、以下に述べるようなものである。ここでの概観が示しているのは、家事事件に関する EMRK8 条および 14 条についての EGMR の判例は多面的であるということである。EGMR の判例は、婚外子の法的地位、婚外子または離婚後の親の配慮ならびに交流権、代理母問題、そして同性カップルおよび性同一性障害者の法的地位に関わるものである。たしかに、私はスポットライトを当てるだけで、非常に内容豊富な EGMR の判例を包括的に概観することはできなかった。しかし、スポットライトを当てるだけでもわかるのは、国家法としての家族法が、部分的に、いかに強力に、EMRK と EGMR の影響下に置かれているかということである。このことが、国内法は、そしてそれどころか一国の憲法さえ、EMRK に照らして解釈しなくてはならないと連邦憲法裁判所が明確に承認しているドイツにあてはまることは言うまでもない。法律ならびに憲法解釈では、EGMR の判決も考慮されなくてはならない。たしかに、この考慮義務は絶対的なものではない。しかしながら、EGMR の判決から外れることは、限定された例外事例でしか行うことはできない。このことと関連して、EMRK と国内家族法との関係は、ヨーロッパの多層的結合の中で法秩序を密接に接合させる先例なのである。

解　題

　ドイツの家族法領域では、ドイツ連邦憲法裁判所の判決が、法改正に大きな役割を果たしてきた。その点をとっただけでも家族法上の問題をめぐる日本の状況とはだいぶ異なるが、ドイツ国内の司法判断で認められなかった事項について、国内の法的手段をすべて取った上でではあるが、EGMRの判断を仰ぐことができるという仕組みが日本国内法を主として勉強している学生諸君の目には新鮮に映ったのではないかと思う。

　そんな中でも、私生活および家庭生活の尊重をめぐる権利を規定するEMRK 8条をめぐる争いでは、EGMRが、加盟国の法制度や加盟国政府の家族政策に対して同条違反の判断を下して各国の法制度に大きな影響を与えている。EGMRの判決の実施を各国政府に強制する仕組みがないにもかかわらず、同裁判所の判決に従わないと人権条約締約国の信望に否定的影響を及ぼすために、多くの締約国は、形式的な制裁メカニズムが存在しなくても、EGMRの判決を尊重し、その結果、多くの家族法改正が実現している。

　ドイツ連邦憲法裁判所は、国際法に親和的な法解釈を行わなくてはならないという判断を示している。そのため、ドイツ法上の基本権は、EMRKに親和的、適合的に解釈されねばならないという。そうすると、基本法（憲法）上の家族保護条項である基本法 6条も、EMRK 8条および婚姻についての権利を規定する12条、差別禁止を定める14条に照らして解釈されねばならないというのである。家族法規範についてEMRKに合致する解釈が行えないときには、その規範が基本法に違反するかどうか（違憲かどうか）が審査されねばならないので、連邦憲法裁判所の判断を仰がねばならなくなる。この仕組みが家族法［改正］立法に与える影響は大きい。

　以上のような仕組みを踏まえて、ペーターゼン教授は、EMRKが家族法領域にどのような影響を与えているのかを四つのテーマ領域を挙げて論じている。すなわち、非婚の子の法的地位、互いに別居生活をしている父母の法的地位、代理母問題、同性パートナー関係がそれである。いずれも日本でも解決さ

れねばならない課題である。

(1) 非婚の子の法的地位

日本民法779条は、「嫡出でない子は、その父又は母がこれを認知することができる。」と規定するが、判例が母の認知は不要としている。日本法のこの扱いを想起させるのが、母の認知がなければ法的母子関係は発生しないとしたベルギー法に、母子にEMRK8条の家庭生活を求める権利の侵害を見て取った判決である。また、相続権をめぐって婚外子を不利に扱うこともEMRK14条違反を認めている。この問題は、日本民法900条4号違憲判決を思い起こさせる。

(2) 父母の法的地位

父母の法的地位問題は、日本でも大きな問題である。日本では、主に離婚後の共同親権とか面会交流権の権利性をめぐって議論されているが、同じく父母の地位といってもヨーロッパ法の状況は日本の問題状況を先取りしている。ここで紹介されるのは、非婚の父の法的権利問題（配慮権や交流権）、母の信仰の自由と配慮権問題、父子関係否認の出訴権問題が挙げられている。

(3) 代理母問題

代理母を禁止している多くの国において、代理母出産を容認している国で代理母出産で子をもうけ、子を望む親をその子の法的な親と承認する当該の外国裁判所の判決がある場合、その判決の効力が問題になる。EGMRは、そのような判決は、ドイツの公序には違反せず、この判決は承認されなければならないという。日本の最高裁判決とは異なる結論になっている。

(4) 同性パートナー関係・性同一性障害者のパートナー関係

近年同性婚の法制化が話題を集めているが、同性婚の拒絶は、EMRKに違反するものではないが、同性カップルがかれらの家庭を表現できる法的枠組みは作り出されねばならないとするのがEGMRの判断である。

以上みてきたところからわかるのは、国内法としての家族法が、いかにEMRKとEGMRの影響を受けているかということである。また、日本法の観点から見ると、ヨーロッパとはシステムが異なっても、抱えている家族法領域

の諸問題は類似しており、同質のものも多いということである。

第 4 章
意見表明の自由の制約としての
マイノリティ保護

Der Schutz von Minderheiten als Schranke der
Meinungsäußerungsfreiheit

ニールス・ペーターゼン
Niels Petersen

訳・解題　小野寺　邦広

目　次

Ⅰ．序　　論

Ⅱ．棚卸：ヨーロッパ人権裁判所の判例
　1．神冒涜表現の禁止
　2．外国人敵対的表現の禁止
　3．歴史的事実の否定
　4．判例の総括

Ⅲ．対案：マイノリティの包摂と審査密度の区別（Variation）
　1．マイノリティの包摂と政治部門の評価の余地
　2．意見表明の自由制限に対する批判と審査密度の区別
　　a．濫用の危険
　　b．限界確定の困難さ
　3．意見表明の自由と真実
　4．ヨーロッパ人権裁判所判例の評価

Ⅳ．結　　論

要　旨

解　題

I. 序　　論

　神冒涜表現（Blasphemie）の刑罰による規制という問題が人々の間で熱く議論されるようになって久しく、また、法学界においても詳細に議論されてきた。それにもかかわらず新たに問題提起をするきっかけが依然として存在していることは遺憾なことである。デンマークのユランス・ポステン紙のムハマンド風刺画、ユーチューブ・ビデオ「無邪気なイスラム教徒」、MTVの番組ポープ・タウン・シリーズ、さらにはテロのきっかけとなったフランスの風刺新聞シャルリー・エブド、これらの問題が起きるたびに議論が再燃する。そこで主張される意見のスペクトルは様々である。すなわち、何人かの著者は神冒涜表現の禁止を原則として支持している[1]が、他の著者はその正当性を疑問視し[2]、その中には、神冒涜表現の禁止を西欧世界イスラム化の手段とみる者もいる[3]。議論の参加者の中には、神冒涜表現の禁止が自己の信じる宗教を守る場合には支持するが、そうではない場合には意見の自由の旗を高く掲げる者まで

---

1) 例えば、以下の文献を見よ。Antje von Ungern-Sternberg, Öffentliche Auseinandersetzung um Religion zwischen Freiheit und Sicherheit : Vom Blasphemieverbot zur Bekämpfung der Hassrede, in : Felix Arndt u.a. (Hrsg.), Freiheit-Sicherheit-Öffentlichkeit, 2009, S. 61 (76ff.) ; Robert A. Kahn, A margin of appreciation for Muslims? Viewing the defamation of religions debate through Otto-Preminger-Institut v. Austria, Charleston Law Review 5 (2011), 401 ; Jeremy Waldron, The Harm in Hate Speech, 2012 ［ジェレミー・ウォルドロン著・谷澤正嗣、川岸令和訳『ヘイト・スピーチという危害』みすず書房 2015 年］; Christian Hillgruber, Ein Integrationshindernis ersten Rnges, FAZ v. 28. 01. 2015.（［　］は訳者注）以下同じ。

2) C.L. Ten, Blasphemy and Obscenity, British Journal of Law and Society 5 (1978), S. 89 ; Caleb Holzaepfel, Can I say that? How an international blasphemy law pits the freedom of religion against the freedom of speech, Emory International Law Review 28 (2014), S. 597 ; Tatijana Hörnle, Bekenntnisbeschimpfung (§166 StGB) : Aufheben oder Ausweiten?, JZ 2015, S. 293.

3) Mark Durie, Sleepwalking into Sharia : Hate Speech Laws and Islamic Blasphemy Strictures, International Trade and Business Law Review 15 (2012), S. 394.

いる[4]。

　この論考は、神冒涜表現禁止をめぐる議論の視野をもっと広げることを意図している。私は、以下において神冒涜表現の刑罰による規制に限定せず、特定の社会集団を保護するために意見表明の自由を制限することが許されるかという問題を取り上げる。私が論証しようとしているのは、これらの制約はどれも同様の構造を示しており、それゆえに同様の方法で扱われるべきということである。私のテーゼは意見表明のこれらの制約は何よりもまずマイノリティの保護に資するということである。もっとも、このことはマイノリティに対する侮辱的表現が一切許されなくなるということを意味するわけではない。むしろ、意見表明の自由の権利と、これと競合する集団の権利の調整はなによりもまず政治プロセスの問題である。裁判所の役割は政治過程の非党派性（Unparteilichkeit）を保つことである。

　参照裁判所（Referenzgericht）として、私は、ヨーロッパ人権裁判所を選びその判例を批判的に検討し、また、それらの社会的背景も明らかにする。以下では、最初に判例理論の棚卸（Bestandaufnahme）を行い、次に、これと本稿で示す構想を対峙させる。この構想によれば、神冒涜表現の禁止およびホロコースト否定の禁止の目的は、なによりもまず、マイノリティを社会に包摂することである。意見表明の自由の制限の可否および制限の要件という問題についてたしかに最終的には政治過程が決定する。しかしながら、ヨーロッパ人権裁判所には各加盟国の決定が公正で非党派的であるように統制することが義務づけられる。

　その際、国内裁判所に認められる評価の余地（Einschätzungsspielraum）は様々である。マイノリティに対する、社会の打撃が強ければ強いほど、それだけ一

---

4) Hannes Langbein, Vom Karikaturenstreit zur Idomeneo-Kontroverse : Chronik einer verbalen Aufrüstung zum ‚Kampf der Kulturen‘, in : Astrid Reuter/Hans G. Kippenberg (Hrsg.), Religionskonflikte im Verfassungsstaat, 2010, S. 290 (301 f.) を見よ。そこでは、いかに「宗教と結びついた影響力の行使が……そのときどきの現実の政治問題に影響される」かが描写されている。

層国内裁判所の評価の余地は大きくなる。逆に、社会のマジョリティが守られている場合には、意見表明の自由の制限の中にマイノリティ排除の道具が含まれていないかを審査しなければならない。この基準に照らした場合、ヨーロッパ人権裁判所の判例には説得力が欠けている、というのも、同裁判所の判例の中には、マジョリティの価値観の保護を目的としているものが、しばしば、見られるからである。

Ⅱ．棚卸：ヨーロッパ人権裁判所の判例

　伝統的にヨーロッパ人権裁判所は、意見表明の自由の制限の場合、国内裁判所に原則として広い評価の余地を認めている。しかしながら、特に最近は意見表明の自由の保護を前面に出す判例が増えているように思われる。以下において、私は三つの異なる類型の判例を分析する。第二の外国人敵対的表現についての判例、そして最後の歴史上の事実、とりわけ、戦争犯罪の責任の否定についての判例を分析する前に、神冒涜表現禁止についての判例をごく簡単に紹介しておく。

1．神冒涜表現の禁止

　神冒涜表現の禁止の場合、ヨーロッパ人権裁判所は各国の裁判所および当局に対して伝統的に寛大さを示してきた。オットー・プレミンガー＝インスティテュート対オーストリア事件そしてウィングローヴ対イギリス事件において同裁判所は神冒涜的内容が問題になったフィルムの禁止をヨーロッパ人権条約第10条に適合するとした[5]。この事件ではオーストリアの官庁が「性愛公会議 (Liebeskonzil)」というフィルムを禁止した。このフィルムは、神を冒瀆した老

---

[5]　Otto-Preminger-Institut./. Österreich, 20. Sept. 1994, Series A 295-A ; Wingrove./. U.K., 25. Nov. 1996, Reports 1996-V.　［ウィングローヴ事件判決の紹介・解説として、戸波江二ほか編『ヨーロッパ人権裁判所の判例Ⅰ』信山社 2019 年 No. 66（金原恭子）。］

爺として、そして、イエス・キリストを内気なインテリのマザコンとして描き、さらには、悪魔と処女マリアとのエロチックな関係をほのめかしていた。ヨーロッパ人権裁判所は禁止を正当と判定した。その際、同裁判所はチロル地方の住民の87％がカトリック信者であることを考慮した[6]。同裁判所によれば、その限りにおいて、オーストリアの官庁の、このフィルムの場合はカトリックの多数の住民に対する意見表明の自由を濫用した攻撃が問題になっているとの判断は、オーストリアの当局に認められている評価の余地の枠内にある[7]。

　ウィングローヴ事件ではイギリスの当局が約20分のビデオ「エクスタシーの夢想」の頒布を禁止した。このビデオは、十字架にかけられたイエス・キリストに欲情を抱く若き修道女のエロチックな妄想を描いていた。この事件の特殊性は、イギリスにおける、コモンローに基づく神冒涜表現の禁止は、キリスト教（特に英国国教会）の侮辱（Beschimpfung）のみの禁止であり、他の宗教の侮辱は刑罰の対象になっていないという点にある。ヨーロッパ人権裁判所は、ここでもまた、神冒涜表現の禁止は正当であると述べた。同裁判所は次のように述べた。すなわち、本件ビデオの場合、政治的意見表明の問題ではないのであるから国家当局には広い評価の余地が認められる[8]。本件ビデオの禁止は、この広い評価の余地の範囲内にある[9]。

　I.A. 対トルコ事件において、ヨーロッパ人権裁判所は、コーランの一部はムハマンドのエロチックな妄想の結果作り出されたと仮定してイスラム教を批判する著書の禁止は欧州人権条約第10条に反しないとした[10]。同裁判所は、この著書を「挑発的」と認定し、「イスラム教徒の心情を傷つけることに役立つ」と判断した[11]。同裁判所によれば、その限りにおいて、トルコの当局は同著書

---

6) Otto-Preminger-Institut (Fn. 5), §52.
7) Ebd., §56.
8) Wingrove (Fn. 5), §58.
9) Ebd., §61.
10) I.A./. Türkei, 13. Sept. 2005, ECHR 2005-VIII.
11) Ebd., §29.

の禁止に際して自己の評価の余地の枠内において行動している[12]。

　これに対して最近、ヨーロッパ人権裁判所が宗教批判の処罰を意見表明の自由の侵害と位置づける判例も見られる。タトラフ対トルコ事件では、同裁判所は、イスラム教を批判する著書の著者に刑罰を科すことを正当ではないとした[13]。同裁判所によれば、当該著書において著者はたしかに厳しい批判をイスラム教に行っているが、信仰や信者または宗教シンボルの声価や品位を貶めてはいない[14]。さらに同裁判所は、ジニエフスキ対フランス事件において宗教批判的表現を理由とする新聞記事についての制裁を意見表明の自由の侵害とみなした[15]。この記事において申立人はヨハネ＝パウロ二世の回勅を批判し、ホロコーストの芽となる考えがこの回勅から生まれたと主張している。同裁判所は名誉棄損罪として処罰することは比例原則に反するとした[16]。同裁判所によれば、申立人はこの記事により教皇回勅についての議論に刺激を与えることを意図し、そして、これにより公共の利益を有する議論に貢献した[17]。

2．外国人敵対的表現の禁止

　外国人敵対的表現の処罰の場合にも、ヨーロッパ人権裁判所は意見表明の自由の制限に際して国内裁判所に対して、原則として、広い裁量の余地を認めている[18]。フェレ対ベルギー事件において同裁判所は、ベルギーの選挙戦におけ

---

12) Ebd., §31.
13) Aydin Tatlav./. Türkei, App. No. 50692/992, 2. Aug. 2006.
14) Ebd., §28.
15) Giniewski./. Frankreich, 31. Jan. 2005, ECHR 2006-I. ［小泉洋一「宗教批判と表現の自由―ジニエフスキ対フランス事件（ヨーロッパ人権裁判所　2006年1月31日判決）」国際人権法学界編『国際人権18号（2007年報）』信山社2007年142-143頁。］
16) Ebd., §§48-53.
17) Ebd., §§50-51.
18) Schimanek./. Österreich, App. No. 32307/96, 1. Feb. 2000 ; Norwood./. U.K., 16. Nov. 2004, ECHR 2004 XI ; Soulas./. Frankreich, App. 15948/03, 10. Okt. 2008 ; Leroy./. Frankreich, App. No. 36109/03, 20. Okt. 2008 ; Féret./. Belgien, App. No.

る外国人敵対的表現を理由とする右派ポピュリズムの政治家に対する刑罰賦科を受け入れた[19]。シマネク対オーストリア事件では第三帝国を賛美する結社の指導的メンバーに対する有罪判決はヨーロッパ人権条約第 10 条に反しないとされた[20]。それどころかノーウッド事件においては、同裁判所は、ノーウッドが燃え盛る世界貿易センタービルの写真とともに、「イスラムはイギリスから出ていけ――イギリス国民を守れ」と書かれたポスターを自宅の窓に掲示したとして有罪判決を受けた後で行った申立てについて、ヨーロッパ人権裁判所への申立ては条約の濫用であり不適法とした[21]。

これに対してイェルシルド対デンマーク事件では、同裁判所はヨーロッパ人権条約第 10 条違反を認定した[22]。この事件は、人種差別的表現の現場幇助により有罪判決を受けたジャーナリストによる異議に基づくものである。申立人はデンマークにおける極右についてルポルタージュ番組を制作・放送したが、その際に、若者にインタビューし、その若者が人種差別的発言を行った。ヨーロッパ人権裁判所は次のように述べた。すなわち、ルポルタージュに人種差別思想を広めようとの意図は全くないことが文脈から認められる[23]。むしろ、ルポルタージュの目的は人種差別主義の原因を究明し、人種差別主義を社会的文脈の中に位置づけることであった[24]。この理由から本件ジャーナリストの処罰は比例原則に反する[25]。

　　15615/07, 16. Juli2009 ; Le Pen./. Frankreich, App. 18788/09, 7. Mai 2010 を見よ。
19)　Féret (Fn. 18). ［小幡郁ほか編『ヨーロッパ人権裁判所の判例 II』信山社 2019 年 No. 67（今関源成）。］
20)　Schimanek (Fn. 18).
21)　Norwood (Fn. 18). ［この事件についての、国内裁判所の判決を含めた簡潔な紹介として、奈須祐治『ヘイト・スピーチ法の比較研究』信山社 2019 年 345-347 頁。］
22)　Jersild./. Dänemark, 23. Sept. 1994, Series A No. 298. ［『ヨーロッパ人権裁判所の判例 I』No. 67（大藤紀子）。］
23)　Ebd., §33.
24)　Ebd.
25)　Ebd., §37.

3．歴史的事実の否定

　最後の類型は、歴史的事実の否定に関わる。ギャロディー対フランス事件では申立人が著書においてホロコーストを否定したことが問題となった[26]。ヴィッチュチュ対ドイツでは、申立人がホロコーストに対するヒトラーと国家社会主義ドイツ労働者党（NSDAP）の責任を否定したために有罪判決を受けたことが問題になった[27]。いずれのケースにおいてもヨーロッパ人権裁判所は意見表明の自由の侵害を理由とする申立人の申立てを濫用とみなし、各国の有罪判決を受け入れた。

　これに対して、同裁判所はルイデュー事件ではヨーロッパ人権条約違反を確認した[28]。申立人は第二次大戦中のフランスに対するペタン体制の功績なるものを強調し、同時に、ヒトラー・ドイツとの結びつきを過小評価する意見広告をル・モンド紙に出したことにより有罪判決を受けたことが問題になった。ヨーロッパ人権裁判所は次のように述べた。すなわち、第二次世界大戦中のペタン元帥の役割について歴史家の間で議論があり、フランスの異説は、明確に確立された歴史上の事実とはされていない[29]。それに加えて、広告はペタン体制の犯罪なるものを明確に否定したわけではなく、単に、目立たなくしたにすぎない[30]。最後に、ペタン体制は最近では遠い昔のことになり本件広告はおそらく20年前におけるほど混乱やショックをもたらすものではなくなっていることを考慮すべきである[31]。

　ペリンチェク事件においてヨーロッパ人権裁判所はアルメニア民族大虐殺の

---

26) Garaudy./. Frankreich, 24. Juni 2003, ECHR 2003-IX.［『ヨーロッパ人権裁判所の判例Ⅱ』No. 21（戸田五郎）。］
27) Witzsch./. Deutschland, App. No. 7485/03, 13. Dez. 2005.
28) Lehideux and Isorni./. Frankreich, 23. Sept. 1998, ECHR 1998-VII.［『ヨーロッパ人権裁判所の判例Ⅰ』No. 68（今関源成）。］
29) Ebd., §47.
30) Ebd., §49.
31) Ebd., §55.

否定を理由とする有罪判決の中にヨーロッパ人権条約第10条違反を見出した[32]。トルコの政治家ドウ・ペリンチェクはスイスにおけるいくつかの場面において「アルメニアのジェノサイドは帝国主義者の嘘である」と述べた。結局、彼は民族虐殺否定により罰金刑を科された。ルイデュー事件の場合と同じく、同裁判所はアルメニア民族大虐殺の性格について、歴史家のコンセンサスが欠けていることを重視した[33]。同裁判所は以下のように述べた。すなわち、歴史の真実を探求することは意見表明の自由の核心に属し、それゆえ、アルメニアのホロコーストについての議論を禁止することは、秤を意見表明の自由に傾ける重みがある[34]。加えて、アルメニアのジェノサイドを事実と認めている国は少数にとどまっており、これを否定することに刑罰を科している国はさらに少ない[35]。したがって、ペリンチェクに刑罰を科すことは、結局、比例原則に反する[36]。

この判決はヨーロッパ人権裁判所大法廷により結論において認められた[37]。その際、大法廷は詳細に比例性の衡量を行った[38]。異議申立人が政治家として重大な公共の利益に関する問題について自己の見解を示したということは意見表明の自由に有利な事情である[39]。これに対して、アルメニアのジェノサイド否定に刑罰を科すことは、スイスにとって、重大な社会的意義は全くなく、加えて、はるか昔の出来事でしかない[40]。要するにこのような理由から、大法廷は意見表明の自由保護の利益のほうがより重いと判断した[41]。

---

32) Perinçek./. Schweiz, App. 27510/08, 17. Dez. 2013.
33) Ebd., §§116-117.
34) Ebd., §99.
35) Ebd., §115.
36) Ebd., §129.
37) Perinçek./. Schweiz [GK], App. No. 27510/08, 15. Oktorber 2015.
38) Ebd., §§196-282.
39) Ebd., §231.
40) Ebd., §§242-250.
41) Ebd., §280.

4．判例の総括

　ヨーロッパ人権裁判所の判例は必ずしも論理的に筋の通った傾向を示しているわけではない。神冒涜表現禁止の場合、伝統的に、どちらかといえばむしろ寛大であった。このことはとりわけ以前の判例において顕著である。オットー・プレミンガー＝インスティテュート事件において、同裁判所は禁止が多数派である多くのカトリック系住民を守るということを論拠とした[42]。ウィングローヴ事件では、それどころか、複数の宗教を区別し、多数派である英国国教会の保護にのみ役立つ規範を受け入れた[43]。外国人敵対的表現の場合にもヨーロッパ人権裁判所は刑罰賦科を原則として容認してきた。その際、選挙戦におけるベルギーの政治家による外国人敵対的表現に対する刑罰賦科さえも正当とした[44]。

　これら二つの類型においてヨーロッパ人権裁判所が処罰を正当としなかったのは議論の活性化に表現が役立つ場合に限られていた。ジニエフスキ事件において申立人は教皇回勅を批判した[45]。イェルシルド事件ではジャーナリストは単に外国人敵対的発言を報じただけであり、外国人敵対的スローガンを広める意図はなかった[46]。正当性審査における決定的要因は、それゆえ、意見表明の内容の批判的内容が優っているかそれとも誹謗的内容が優っているかであると思われる[47]。

　歴史的事実の否定の場合、ヨーロッパ人権裁判所にとって重要なのは当該歴史上の事実についてどの程度議論が存在しているかである。当該事実が広く受

---

[42] Otto-Preminger-Institut (Fn. 5), §52.
[43] Wingrove (Fn. 5).
[44] Féret (Fn. 18).
[45] Giniewski (Fn. 15).
[46] Jersild (Fn. 22).
[47] Rainer Grote/Nicola Wenzel, Die Meinungsfreiheit, in : Oliver Dörr/Rainer Grote/Thilo Marauhn (Hrsg.), EMRK/GG : Konkordanzkommentar zum europäischen und deutschen Grundrechtsschutz. Band I : Kapitel 1-19, 2013, Kap. 18, Rn. 102.

け入れられている場合、同裁判所は当該事実の否定を罰することを正当と認める。しかしながら、他の場合はすべて、歴史上の事実についての主張の説得力の有無および議論がどのような利益に関わるのかを詳しく分析することなく意見表明の自由の侵害を認定する。このことは特にルイデュー事件とペリンチェク事件において明らかである。ルイデュー事件では、出来事についてのフランスの異説は明確に確証された歴史上の事実に含まれないということが決め手になった[48]が、ペリンチェク事件では大法廷はアルメニア民族大虐殺の評価について歴史家の間でコンセンサスは全く存在していないことを重視した[49]。

Ⅲ．対案：マイノリティの包摂と審査密度の区別（Variation）

1．マイノリティの包摂と政治部門の評価の余地

法律学の議論では、神冒涜表現の禁止、外国人敵対的もしくは人種差別的表現の処罰および民族大虐殺の否定に対するサンクション賦科は、しばしば、保護の目的（Schutzrichtung）が異なるものとして扱われている。つまり、神冒涜表現の禁止の場合中心となるのは伝統的に当該宗教の信者の感情の保護である[50]。これに対して外国人敵対的もしくは人種差別的表現ではマイノリティの包摂が中心になっている[51]。

もっとも、神冒涜表現の禁止において宗教感情の保護以外の重要な目的もありうる。ジェレミー・ウォルドロンは神冒涜表現の禁止は宗教的少数派を社会

---

48) Lehideux (Fn. 28), §47.
49) Perinçek (Fn. 32), §§116-117.
50) Michael Pawlik, Der strafrechtliche Schutz des Heiligen, in : Josef Isensee (Hrsg.), Religionsbeschimpfung : Der rechtliche Schutz des Heiligen, 2007, S. 31 (46) その他の文献をも見よ。ただし、彼自身はこの解釈に反対している。
51) v. Ungerun-Sternberg (Fn. 1), S. 68f. ; Helen Pringle, Regulating Offence to the Godly, UNSW Law Journal 34 (2011), S. 316 も見よ。いずれも、外国人敵対的ないし人種差別的表現を規制する法律と神冒涜表現の禁止は同じ目的を追求しているとする。

に包摂することに役立つと主張している[52]。宗教的人物や宗教上のシンボルを笑いのタネにすることは、それ自体ただちに宗教活動を妨げるものではない。しかし、それはマイノリティの宗教の信者に対する敬意と配慮の欠如のシグナルである[53]。誹謗を社会のマイノリティの宗教に向けることは、同時に、分離のシグナルを送ることを意味する。すなわち「あなたたち」は「私たち」の社会の一員ではない。

宗教的マイノリティを社会から分離しようとする、そのような試みの効果は、それに対する国家のリアクションによっても異なる。宗教的誹謗が処罰またはその他の形で法的保護の対象外とされる場合、このことは、その社会がこのような形での分離に対して寛容ではないということを示す。宗教的マイノリティに対する神冒涜表現を処罰することは当該少数派を社会に包摂するための道具になる。さらに、民族大虐殺の事実を否定することの禁止にも社会に包摂するという目標をみることができる[54]。それにより、民族大虐殺の犠牲となった集団に対して敬意を示すことができる。当該集団が社会のマイノリティであ

---

[52] Waldron (Fn. 1). 同じく、Neville Cox, Blasphemy, Holocaust Denial, and the Control of Profoundly Unacceptable Speech, American Journal of Comparative Law 62 (2014), S. 739。

[53] Pawlik (Fn. 50), S. 49 ; Ruti Tetiel, Militating Constitutional Democracy : Comparative Perspectives, in : András Sajó (Hrsg.), Consorial Sensitivities : Free Speech and Religion in a Fundamentalist World, 2007, S. 71 (71). しかし、この主張に対する以下の論者の批判も見よ。Barbara Rox, Der Schutz religiöser Gefühle im freiheitlichen Verfassungsstaat, 2012, S. 185f. ; Matthias Cornils, Gefühlsschutz, negative Informationsfreiheit oder staatliche Toleranzpflege Blasphemieverbote in rechtlicher Begründungsnot, Zeitschrift für Medien-und Kommunikationsrecht 44 (2013), S. 199 (208). 二人は、このような見方は人格権保護の、「自由を危険にするほどの拡張」(Cornils) という結果に至ると批判している。もちろん、保護の枠組みをこの疑念に対応して形成することにより対処することは可能である。さらに別の批判として、Malcom D. Evans, The Freedom of Religion or Belief and the Freedom of Expression, Religion and Human Rights 4 (2009), S. 197 (229) がある。彼によれば、集団が対象となっていることにより、「犠牲者の文化」が助成され、そして、「両極への分裂」、「政治問題化」という結果に至る。

る場合は、処罰は当該集団を社会に包摂する効果を持つ。

　当然のことながら、刑罰のみが社会への包摂の唯一の手段ではない[55]。誹謗行為を極めて多くの人々が断罪すること、または、刑罰に至らない程度のサンクションであっても包摂効果を持ちうる。したがって、社会のマイノリティに対する侮辱的表現を刑罰により禁止することは、決して、少数派を社会から排除するものではなく、それどころか、むしろ社会に包摂するための道具になりうる。すでにこのことから、信教の自由から神冒涜表現に対して刑罰によって対処することを強制する保護義務を導き出すことは全くできない。仮に保護義務を肯定したとしても、その場合でもやはり、神冒涜行為にどのように対応するかについて評価の余地を各国に認めることは不可避である[56]。

2．意見表明の自由制限に対する批判と審査密度の区別

　マイノリティを保護するために意見表明の自由を制限することに対して二つの重要な批判がある。第一の批判は、この道具に内在する濫用の危険性に狙いを定める。第二の批判は、マイノリティに対する許される批判と許されない誹謗とを区別することの困難さを強調する。

a．濫用の危険

　意見表明の自由の制限が濫用される危険があるという批判は、とりわけ神冒涜表現の禁止の場合、重大な批判である。神冒涜表現の禁止はマイノリティ保護のためにのみ行われるとは限らない。むしろ、同時にマイノリティを抑圧する効果も持ちうる[57]。無神論者またはマイノリティ宗教の信者が宗教批判あ

---

54)　Cox (Fn. 52), 752 ff.

55)　Burkhard Joseff Berkmann, Von der Blasphemie zur „hate speech"? Die Wiedekehr der Religionsdelikte in einer religiös pluralen Welt, 2009, S. 103.

56)　Christian Walter, Religionsverfassungsrecht in vergleichender und internationaler Perspektive, 2006, S. 359f.; Andreas von Arnauld, Grundrechtsfreiheit zur Gotteslästerung?, in : Josef Isensee (Hrsg.), Religionsbeschimpfung : Der rechtliche Schutz des Heiligen, 2007, S. 63 (80).

いは宗教に対する誹謗を行ったという場合、禁止はまさしくマイノリティにむけられる。多くの国において、神冒涜表現の禁止は、少数派や反対派に対する政治的道具という目的をも持って定められている[58]。そのため、神冒涜表現の禁止の実務においてはマイノリティの包摂のみが目的とされているわけではない。むしろ、それは排除的効果も持ちうる。

それゆえ、意見表明の自由についての自由主義的構想の主張者は、どの意見は許され、どの意見が禁止されるかを国家が決めるよりも思想の自由市場に委ねたほうがよいとする[59]。この立場の論者は次のように主張する。すなわち、誹謗的表現や神冒涜的表現も思想の自由市場から排除すべきではない。むしろ、誰もが自己の表現により世論に影響を与えることを試みることができる[60]。しかしながら、自由な競い合いは、この思想の自由市場に対する規制が最小限度にとどめられているということを不可欠の前提とする[61]。

---

57) Barbara Rox, Vom Wert der freien Rede-Zur Strafwürdigkeit der Blasphemie, JZ 2013, 30 (31) ; Ingeborg Gabriel/Irene Klissenbauer, Klagen gegen Blasphemie?- Zum schwierigen Verhältnis von Religions-und Meinungsfreiheit, in : Thomas Laubach (Hrsg.), Kann man Gott beleidigen?-Zur aktuellen Blasphemie-Debatte, 2013, S. 179 (188).

58) その最も有名な例はパキスタンにおける包括的な神冒涜の禁止であり、これによりイスラム教が極めて広範囲にわたり保護されている。これについては、Holzaepfel (Fn. 2), S. 610 ; Eric M. Johnson, Examining Blasphemiey : International Law, National Security and the U.S. Foreign Policy Regarding Free Speech, Air Force Law Review 71 (2014), S. 25 (54 ff.) を見よ。

59) 思想の自由市場という観念は John Stuart Mill, On Liberty, 1859 を基礎としている。ドイツの法解釈学の文脈における思想の自由市場という観念については、Sophie-Charlotte Lenski, Marktregulierung im Meinungskampf : Konvergenz der Kommunikation, Konvergenz der Regulierung, Konvergenz der Dogmatik, in : Emanuel Towfigh u.a. (Hrsg.), Recht und Markt : Wechselbeziehungen zweier Ordnungen, 2009, S. 97 ff. を見よ。

60) 例えば、Helen Keller/Luca Cirigliano, Die Krux mit der Blasphemie-Analyse zweier richterlicher Lösungsansätze, ZaöRV 70 (2010), S. 403 (431) ; Rox (Fn. 57), S. 34 を見よ。

61) Rox (Fn. 53), S. 295 を見よ。

一見するとこの思想の自由市場という構想は魅力的である。もっとも、それは少なくとも先験的にはすべての主張が議論において同じ重みを持っており、システムの歪みが一切ないということを前提としている。経済学では、市場経済に関して市場の機能不全（Marktversagen）ということが知られている[62]。それは、市場が資源の次善の配分しか行えなくなる現象と理解されている。厚生経済学の主張者に従うならば、そのような市場の機能不全を修正する役に立つ場合には、市場への国家の介入も正当である[63]。

市場経済の場合と同じく思想の自由市場にも市場の機能不全に対する免疫はない。思想の市場において歪みの原因となるのはネガティブなステレオタイプである。これが存在する場合、マイノリティが思想の市場において自らの席をえることは困難である。思想の市場は、経済市場の場合と同じく、市場の機能不全のメカニズムをただすための規制を必要とする。外国人や宗教集団を保護するために意見表明の自由を制限することは、思想の自由市場における平等に権利を認められた上での競争を守るための規制手段である。

それゆえ、神冒涜表現の禁止を意見表明の自由を背景として法的に評価する場合には、濫用の危険性のみではなく意見の市場を規制する正当な利益をも考慮に入れなければならない。これらの対立する利益を調整する一つの手がかりをヨーロッパ人権裁判所による審査密度の区別が与えてくれる。神冒涜表現の禁止がマイノリティ宗教の保護に役立てば役立つほど、それだけ国家の裁量の余地（Ermessensspielraum）は広くなる[64]。そのような場合には、神冒涜表現の禁止がマイノリティ抑圧の道具として利用される危険性は低い。同時に、国家は宗教的マイノリティを包摂することにより正当な利益を実現することにもな

---

62) Alexander Morell, Nachfrage, Angebot und Märkte, in : Emanuel Towfigh/Niels Petersen (Hrsg.), Ökonomische Methoden im Recht, 2. Aufl. 2017, iE を見よ。

63) Emanuel Towfigh/Niels Petersen, Public Choice Theorie und Social Choice Theorie, in : deis. (Hrsg.), Ökonomische Methoden im Recht, 2. Aufl. 2017, i. E.

64) 同じく、v. Arnauld (Fn. 56), S. 99. 彼は個々の事例におけるマイノリティに特別の保護を受ける権利を認めようとしている。

る。

　これに対して、神冒瀆表現の禁止が多数派の宗教を守る場合、国家の裁量の余地はその分だけ狭くなる。ここでは、マジョリティに不快感を与えるにすぎない批判が抑圧される危険や神冒瀆表現の禁止が全く他の目的を実現するための道具になる危険性がはるかに高い。同時に、たしかにマジョリティ宗教に対する誹謗は、その信者の感情を傷つける。もっとも、宗教感情を害することが無条件に宗教活動の侵害になるわけではない。オーストリアやポーランドのキリスト教徒は、神冒瀆表現によって危険を感じるかもしれないが、それは、ソマリアやシリアあるいはイラクのキリスト教徒のそれに比べれば深刻度は低い。

　審査密度の区別が有用なのは神冒瀆表現禁止の場合に限られない。むしろ、人種的憎悪または外国人に対する憎悪の処罰や確定した歴史上の事実を否定することの禁止の場合にも、審査密度の区別には多大の貢献が期待できる。ここでも、濫用の危険は存在している。ある刑法規範が多数派民族を保護する場合や厄介な歴史上の事実についての発言に対してサンクションが課される場合、これらは、正当な部分もある批判を抑圧することやマイノリティを排除することに役立ちうる。それゆえ、ここでも審査密度の区別が有用である。ある規範ないし個別事例におけるその適用がマジョリティ保護に役立つ度合いが強ければ強いほど、それだけ裁判所の審査密度は高くなる。逆に、ある規範がマイノリティを保護している場合、濫用の危険性は通常はありそうもないので、ヨーロッパ人権裁判所は各国に広い評価の余地を認めることができる。

　もちろん、マイノリティの確定にはいくつかの難問がある[65]。これを確定するには通常二つの問題が存在している。第一に、マジョリティとマイノリティ

---

65) Rüdiger Wolfrum, Der völkerrechtliche Schutz religiöser Minderheiten und ihrer Mitglieder, in : Rainer Grote/Thilo Marauhn (Hrsg.), Religionsfreiheit zwischen individueller Selbstbestimmung, Minderheitenschutz und Staatskirchenrecht : Völker- und verfassungsrechtliche Perspektive, 2001, S. 53 (56) を見よ。彼によると、国際法においてはマイノリティについての一致した定義は存在しないとのことである。

を区別する基準が発見されなければならない[66]。この区別の基準は、民族的、宗教的、社会的、文化的あるいはその他の種類のものでありうる。第二に、ある集団はいつマイノリティとみなされるのかということも問題になる。あるグループの人数が住民の50％を下回れば、それで少数派ということになるのであろうか。

　区別の基準は、通常、個々の保護の規範により示されている。神冒涜表現の場合、保護の対象集団確定のために重要なのは、どのような宗教を信仰しているか（Religionzugehörigkeit）であり、人種差別的または外国人敵対的表現の禁止の場合は民族や国籍である。たしかに、ここでも個別事例における区別の問題は存在しうる。すなわち、例えばイスラム教を一つの統一的全体として考えるべきなのか、それとも、個々の宗派を区別すべきなのか。その答えは個々の文脈により異なる。すなわち、内部での区別が外部に対する関係において重要な意味を持っており、それが差別の結節点になりうる場合、内部での区別は考慮されるべきである。

　これに対して、より困難なのは量的要素の確定である。住民の50％を下回っているというだけで、そのような社会集団がどれも必然的に保護が必要になるというわけではない。たしかに数的には少数派であるが、経済的または社会的権威のゆえに政治過程に人口数以上の影響力を及ぼす集団が存在しうる。この限りにおいて、量的要素は重要ではない。むしろ、われわれは質的基準を中心的に用いる。

　このことを保護の必要性判断のメルクマールにしなければならない。ある集団が、例えば、公共の議論または政治過程において十分に代表されていないため、あるいは、社会においてしばしば劣ったものとのレッテルを貼られているため、社会から排除される危険がある場合には、その集団は保護が必要な集団とされなければならない[67]。その際、保護の必要性という基準は、特定の集団

---

66) この問題について、Niels Petersen, Verhältnismäßigkeit als Ratinalitätskontrolle : Eine rechtsempirische Studie verfassungsgerichtricher Rechtsprechung zu den Freiheitsgrundrechten, 2015, S. 36 ff.

に対する社会の見方が変化しうるものであるため、変化しうる。社会的保護の必要性もまた決してマイノリティとマジョリティを明瞭に区別する基準ではない。むしろ、ヨーロッパ人権裁判所が事案の具体的事情を考慮して決めなければならない。

　総じて、意見表明の自由の制限についてのヨーロッパ司法裁判所による統制は、それゆえに、まさしく、この手段の濫用を防止することに役立つ。このことは審査密度の区別により明らかになる。規制や措置が保護を必要としているマイノリティを守る度合いが強ければ強いほど、それだけ各国の立法部や執行部（Exekutive）の評価の余地は広くなる。これに対して、ある措置が社会のマジョリティの保護を目的としている場合はその措置はまさにマイノリティの抑圧に役立つ。その限りにおいて、欧州司法裁判所は各国に極めて狭い評価の余地しか認めるべきではない。

b．限界確定の困難さ

　少数派保護のために意見表明の自由を制限することに対する第二の批判はマイノリティに対する許される批判と禁止されるべき誹謗との間に限界線を引くことの困難さに狙いを定める。マイノリティを社会に包摂する努力は社会の住民集団や宗教に対する批判のどれもが禁止されうるほどのものであってはならない。たしかに、合理的な批判という内容が明らかに優っている一定の事案を識別することはできる。同様にある表現が明らかに誹謗を意図しているという事案も存在する。しかし、これら両端の間に批判と誹謗が混ざり合っている広いグレーゾーンが存在している。もっともこれは意見表明の自由の制限に限ったことではない。むしろ、法律家は、しばしば、周辺部があいまいな概念を用いて活動しなければならない。その限りにおいて、限界線が流動的な諸概念の間に境界線を引くことは法解釈の日常的問題である。それゆえに、限界線を引

---

67) 参照、Wojciech Sadurski, Freedom of Speech and Its Limits, 1999, S. 194. 彼は、スティグマを度々受けている集団に対する侮辱は社会的に高い声望を得ている集団に対するそれよりも明らかに強い効果を持っていると主張している。

くことが困難であるからといって、それだけで限界線を引くことをあきらめることは正当化されない[68]。

3．意見表明の自由と真実

ペリンチェク事件において、ヨーロッパ人権裁判所大法廷の論証は、大部分、アルメニア人強制移住の性格を民族虐殺とすることについて 2015 年の時点において十分なコンセンサスは全く存在していないという想定に基づいている[69]。歴史上の真実についての議論が問題となっているのであるから、スイスの当局は極めて狭い評価の余地しか有していないはずである[70]。しかし、同時に、大法廷はアルメニア民族大虐殺の問題をユダヤ民族のホロコーストの問題からも区別した。すなわち、後者の事実は十分に確証されており、よって、ホロコーストの事実を否定することに刑罰を科すことはヨーロッパ人権条約第 10 条に適合する[71]。

ヨーロッパ人権裁判所の区別は、とりわけ、学問的議論において、いつコンセンサスが成立し、いつ真剣な論争が支配しているのかを確定することは不可能であるという理由から説得力がない[72]。大きな影響力を持つ特定の党派が学問上の見解に利害を持つ場合、その見解をめぐる学問上の議論に経済的援助をすることは当該党派にとってそれほど難しいことではない。例えば気候変動に対する人類の活動の影響についての議論にその実例をみることができる。気候変動の原因は人間にあるという見解[73]に対する最も卓越した批判者であった

---

68) Matthias Mahlmann, Free Speech and the Rights of Religion, in : András Sajó (Hrsg.), Censorial Sensitivities : Free Speech and Religion in a Fundamentalist World, 2007, S. 41 (63).
69) Perinçek (Fn. 32), §115.
70) Ebd., §§112-113.
71) Ebd., §117.
72) Niels Petersen, Avoiding the Common Wisdom Fallacy : The Role of Social Sciences in Constitutional Adjudication, International Journal of Constitutional Law 11 (2013), S. 294 (312).

ウィリー・ゾーンは、自己の研究活動に際して、重要な部分に関して石油業界から経済援助を受けていたことを隠していた[74]。このことは、ゾーンの研究の信憑性を明らかに低下させたのみならず、影響力を持つ集団は学問的議論であるかのような外観を成立させることも可能であるということも明らかにした。

アルメニア民族大虐殺の場合も同様であるように思われる。悲劇的な不幸な出来事であるにとどまり、強制移住においてトルコ人たちには民族絶滅の意図はなかったという見解が極めて優勢にトルコ人学者たちにより主張されている。このことにより、議論はうわべだけのものにすぎないというべきではない。もっとも、議論への学問的貢献が利益によって主導されているという疑いを完全に否定することはできない。このことから、学問上のコンセンサスは意見表明の自由の許される制限と許されない侵害とを区別する有用な基準では全くない。

逆に、この点において本稿の構想の利点が明らかになる。この構想によれば、アルメニア民族大虐殺の否定に刑罰を科すか否かの決定は政治過程に委ねられるべき決定である。その際に重要なのは、政治部門の決定が独立しており、そして、事実問題（Sacfrage）との結びつきがない利益を追求しないこと、ただそれのみである。このことは、社会のマイノリティが規制により保護されるべき集団である場合には、たいていの場合、あてはまる。スイスの政治家はアルメニアの人々に特別の好意を示すことにより大きな利益をうるわけではない。その限りにおいて、スイスの立法者が歴史問題の論争についての自己の評価を決定の主要な根拠にしたことは是認できる。真実を積極的に示すことは決してできないのであるから、政治過程における決定の独立性は意見表明の自由の制限の正当性を判定するための最良の指示器である。

---

73) Willie Soon/Sallie Baliunas, Proxy climatic and environmental changes of the past 1000 years, Climate Research 23 (2003), S. 89 を見よ。

74) Justin Gillis/John Schwartz, Deeper Ties to Corporate Cash for Doubtful Climate Researcher, New York Times, 21. Februar 2015.

4．ヨーロッパ人権裁判所判例の評価

　ここで展開された基準に照らした場合、ヨーロッパ人権裁判所の判例は多くの点において説得力を欠いている[75]。オットー・プレミンガー＝インスティテュート事件において、同裁判所は宗教冒涜表現の禁止は住民の大部分が信じている宗教の保護に役立つとして正当化した[76]。本稿で主張された見解によれば、このようなことは重要な論拠には全くなりえない[77]。ある集団が数的に優位を占めていることが重要視されるならば、特に、きわめて均質的で、それゆえに、マイノリティの保護が必要な社会においては社会の基盤となっている価値観を批判する可能性がマイノリティから奪われることになる。ウィングローヴ事件では、保護の対象がマジョリティの宗教である英国国教会のみに限定され、他のマイノリティ宗教は含まれていないのであるから、すでに神冒涜表現の禁止の構成要件自体問題である[78]。しかし、この点についてヨーロッパ人権裁判所は不当にも何の問題も認めなかった[79]。

　最後に、ペリンチェク事件において大法廷が学問的コンセンサスの欠如を基準としたことも説得力を欠いている。学問上の論争に利害関係を持つ党派が複数存在し、それぞれが論争の結果について異なる利益を持つ場合、学問上のコンセンサスを確認できることはめったにない。そのため、これは歴史上の事実を否定することの禁止の正当性を判定する役に立つ基準ではない。ここでも、

---

75)　同じく、批判的なものとして、Rox (Fn. 53), S. 272 ff.。
76)　Otto-Preminger-Institute (Fn. 5), §52.
77)　同じく、批判的なものとして、Christoph Grabenwarter, Filmkunst im Spannungsverhältnis zwischen Freiheit der Meinungsäußerung und Religionsfreiheit, ZaöRV 55 (1995), S. 128 (158) ; Walter Frenz/Erika Casimir-van den Broek, Religionskritische Meinungsäußerungen und Art. 10 EMRK in der Spruchpraxis des Europäischen Gerichtshofs für Menschenrechte, Zeitschrift für Urheber-und Medienrecht 2007 (2007), S. 815 (818).
78)　Wingrove (Fn. 5) を見よ。
79)　同じく、v. Ungern-Sternberg (Fn. 1), S. 68 f.。

政治過程における決定が利益に導かれているか否かという視点が多くの成功を約束しているように思われる。歴史上の事実の禁止がマイノリティの利益保護に役立つ場合、禁止が特定の意見抑圧の道具として用いられることはないということを、通常の場合、是認できる。これに対して、社会のマジョリティの価値観が守られる場合、そのような道具となる危険性が大である。このことから、この場合には裁判所の審査密度は極めて高くなる。

Ⅳ. 結　　　論

　本考察は、神冒涜表現、外国人敵対的もしくは人種差別的表現ならびに歴史上の事実の否定の禁止による意見表明の自由の制限は同様の構造を持っていることを示した。これらの禁止は、何よりもまず、社会のマイノリティを社会に包摂するという効果によりその正当性をうる。同時に、しかしながら、基本権から刑法によりマイノリティを保護する義務を導き出すことは決してできない。むしろ、神冒涜表現、外国人敵対的表現あるいは歴史上の事実の否定に刑罰を科すべきかどうかという問題に明確な答えは全く存在していない。ここで主張した構想によれば、その判断は、何よりもまず政治過程に委ねられなければならない。

　その際に、裁判所の役割は政治過程の非党派性を監視することに限られる。裁判所は、神冒涜表現への刑罰賦科についての決定が事実問題との結びつきがない諸考慮により主導されないということを確保しなければならない。それゆえ、評価の余地の場合、その広狭が区別されなければならない。すなわち、意見表明の自由の制限がマイノリティの利益の保護に役立つ度合いが強ければ強いほど、それだけ一層国家の評価の余地は広くなる。逆に、社会のマジョリティの利益が対象である場合は、意見表明の自由の制限が、まさにマイノリティの抑圧に役立つという危険が思い浮かぶ。それゆえ、このような場合には裁判所の審査密度は特に高くなる。

要　旨（原文は英文）

　本稿はヨーロッパ人権条約（ECHR）における表現の自由とマイノリティ保護の緊張関係という問題を取り扱っている。この問題には三つの異なるグループの問題があるように見える。すなわち、神冒涜表現の禁止、民族的ないし人種的ヘイト・スピーチの阻止、ジェノサイドのような一定の国際的犯罪行為の事実の否定の禁止である。これら三つの問題についてのヨーロッパ人権裁判所（ECtHR）の判例法を詳しく分析し、その後、本稿はこれらの緊張関係に取り組むための新たな規範的構想を示す。この構想は、これら三つすべてのグループの問題において表現の自由の制限はマイノリティの保護を目的とする限りにおいて正当性を持つという主張を展開する。実務においては、神冒涜表現の禁止やある歴史上の事実を否定することに対する刑罰の賦科は、常にマイノリティを保護するというわけではない。反対に、時には、マジョリティの利益の追求やマイノリティの抑圧の口実になる。そこで、ヨーロッパ人権裁判所は加盟国に認められる評価の余地を区別しなければならない。表現の自由の制限がマイノリティを保護する場合、加盟国は広い裁量の余地を持つ。反対に、加盟国がマジョリティの利益を守る場合は裁量の余地は非常に狭くなる。ヨーロッパ人権裁判所の法理論をこの構想に基づき評価する場合、必ずしも、説得力があるということはできない。このことは、とりわけ、神冒涜表現問題におけるオットー・プレミンガー＝インスティテュート事件およびウィングローヴ事件そしてアルメニア民族大虐殺否定を理由としてスイスがトルコの政治家に刑罰を科した近時のペリンチェク事件といった各判決に当てはまる。

　　＊　本稿は、著者［ペーターゼン教授］が 2015 年 6 月 19 日にドイツ国際法学会において行った報告をもとにしている。Carsten Bäcker, Dilan Kilic, Klaus Mathis, Antjevon Ungern-Sternberg, Halil Topcuk および Emanuel Towfigh には極めて活発かつ有益な議論ができたことに対して、また、Katharina Wolf および Thomas Busen には本稿のための調査についての貴重な協力に謝意を表する。

第4章　意見表明の自由の制約としてのマイノリティ保護　89

解　題

　1．本稿においてペーターゼン教授は、神冒涜表現の禁止は、外国人敵対的表現や歴史上の事実の否定の禁止と同じ構造の問題であり、それゆえ、「特定の社会集団を保護するために意見表明の自由を制限することが許されるか」という一つの問題として議論すべきことを提案する。彼の分析によれば、ヨーロッパ人権裁判所の判例の中には、審査密度を区別しているという点など評価できるものもある。しかし、論理的首尾一貫性に乏しく、また、マジョリティの価値観を重視する判例もある。そのため、同裁判所の判例は十分な解決策ではない。そこで、彼は、以下のような理論を示した。

　2．マイノリティの宗教を冒涜する表現は、「あなたたちは、私たちの社会の一員ではない。」という「分離」のメッセージを伝える効果がある。これに対して、これを規制することには、社会がマイノリティの人々に対して敬意を払っていることを示す「包摂」効果がある。同じことは、歴史上の事実の否定の場合にも当てはまる。特定の社会集団を保護するための意見表明の自由の制約は、マイノリティを社会に「包摂」する効果を持つ場合には正当である。

　しかし、人権条項は規制の要否、方法の選択などの明確な基準を示していないため、そこから基本権保護義務を導き出すことはできない。それらの決定は政治過程（各加盟国、以下同じ）の役割であり、裁判所（ヨーロッパ人権裁判所、以下同じ）の役割は政治過程の非党派性の監視に限られる。政治過程の非党派性が疑わしい場合、裁判所の審査密度は高くなる。

　規制がマジョリティ保護を目的とするものである場合、政治過程において党派的決定が行われ、規制がマイノリティに対する抑圧の道具として濫用される危険がある。したがって、この場合、裁判所の審査密度は高められ、政治過程の評価の余地は限定される。

　これに対して、マイノリティを包摂する効果をもつ場合、そのような危険はほとんど考えられない。したがって、この場合、裁判所の審査密度は低くなり、政治過程に広い評価の余地が認められる。マイノリティの受ける打撃が重

大であればあるほど、それだけ各国の裁判所の評価の余地は広くなる。

　3．このような理論には、多くの批判が予想される。そこで、彼は予想される批判に対して反論している。

　第一は、マイノリティ保護のための規制が、逆に、その抑圧のために濫用される、また、正当な表現が規制されるという批判である。これに対して彼は上記のような審査密度の区別で防止できるとする。

　第二は、マイノリティに対する正当な批判か誹謗かが問題となる場合、両者を区別することはできないのであるから、彼の理論では正当な批判まで規制されることを防止できないとの批判である。この問題については、彼は、当該表現の内容において、合理的批判と誹謗のどちらが優るかという、ジニエフスキ事件判決、イェルシルド事件判決の理論を支持し、限界事例の存在は両者を区別する努力を放棄することを正当化しない等と反論している。

　第三は、歴史上の事実の否定については、ヨーロッパ人権裁判所のように専門家の間のコンセンサスを基準とすべきとの批判である——ヨーロッパ人権裁判所の理論は、ホロコーストが真実であることがすでに証明されているということを「アウシュヴィッツの嘘」規制合憲の主要な論拠としたドイツ連邦憲法裁判所の判例（参照、ドイツ憲法判例研究会編『ドイツの憲法判例Ⅱ』信山社 2006 年 132 頁以下（小野寺邦広執筆））に基づくと思われる。これに対して彼は、専門家の間のコンセンサスにより見解の真偽を判定することはできないと反論している。

　その他、マジョリティとマイノリティを区別することはできない、思想の自由市場に委ねるべきなどの批判に対しても反論している。

　4．アメリカ、カナダ、EU 諸国では、以前から、ヘイト・スピーチ規制が表現の自由の重要問題として議論されてきた。ヘイト・スピーチの明確な定義は困難であるが、最近では、人種、民族、宗教など一定の属性を持つマイノリティに対する差別とそれらに対する憎悪の二つを基準にした定義が主流であるようである（参照、斎藤愛「表現の自由の現況—ヘイトスピーチを素材として」長谷部恭男編『論究憲法—憲法の過去から未来へ』有斐閣・2017 年 416 頁）。ペーターゼ

ン教授は、この言葉を外国人敵対的表現に限定している（要旨参照）。しかし、内容という点では、彼の理論は、ヘイト・スピーチ規制の可否という問題の解決策を意味する。

　我が国でも、いわゆる「在特会」による在日コリアンの人々に対するヘイトデモをきっかけに、ヘイト・スピーチ問題に対する関心が高まり、以前より活発に議論されている（我が国における問題状況および学説・判例については、奈須祐治『ヘイト・スピーチ法の比較研究』信山社 2019 年 374 頁以下を参照されたい）。「ヘイト・スピーチ対策法」(2016 年) はヘイト・スピーチを明確に禁止していないため、我が国の議論の中心は現在でも立法論である。しかし、教授のような試み——日本流に表現すれば、表現内容規制の合憲性審査について裁量統制型審査論を形成しようとする試み——の可能性について、固定観念にとらわれず、十分に検討しておくことは、より厳しい規制に賛成するにせよ、反対するにせよ、必要なのではなかろうか。教授の非常に斬新かつ刺激的な理論は、我が国の議論にとっても、発想の転換を迫るインパクトを持っている。

　5．本稿を理解するために有益な文献として以下の文献を挙げておく。①エリック・ブライシュ著・明戸隆浩／池田和弘／河村賢／小宮友根／鶴見太郎／山本武秀・訳『ヘイトスピーチ——表現の自由はどこまで認められるか』明石書房 2014 年。同書では、ユランズ・ポステン事件、シャルリー・エブド事件 (14-15 頁、67-76 頁は両者)、ガロディー対フランス、ルイデュー対フランス (106 頁)、ノーウッド事件 (315 頁の注 112) にも言及されている。② 大藤紀子「ヨーロッパ人権裁判所における人種差別表現規制について」国際人権法学会編『国際人権 24 号 (2013 年報)』信山社 2013 年 43-47 頁。

　なお、翻訳に際しては、斉藤拓実さん（中央大学助教 C）と菅沼博子さん（名古屋商科大学経済学部専任講師）から有益な示唆を得た。記して感謝を表したい。

訳者あとがき

　ニールス・ペーターゼン（Niels Petersen）教授は、ジュネーヴ大学（Université de Genève）、ミュンスター大学（Westfälische Wilhelms-Universität Münster）他で研鑽を積んだのち、2014年にボン大学（Rheinische Friedrich-Wilhelms-Universität Bonn）に教授資格論文（「合理性のコントロールとしての比例原則」）を提出した。職歴としては、2004年のマックス・プランク公法・国際法研究所（Max-Planck-Institut für ausl. öffentliches Recht und Völkerrecht）の研究助手をかわきりに、ニューヨーク大学ロースクール（New York University School of Law）の訪問博士研究員、オークランド大学（University of Auckland）の客員教授などを歴任、2015年2月からは、ミュンスター大学の公法、国際法およびヨーロッパ法ならびに経験法学担当教授に就任した。

　ペーターゼン教授は、中央大学法学部とミュンスター大学法学部との交流協定に基づく交換派遣教授として、2018年9月23日に来日され、10月6日に帰国されるまで、日本比較法研究所の客員研究者用研究室を拠点に、多方面にわたる学問的・人的交流を精力的にこなした。

　はやくも来日された当日（9月23日）に、中央大学において国際交流に尽力されている先生方またミュンスター大学に留学経験のある先生方による歓迎会が開催され、学問的・人的交流が開始された。

　9月29日には、憲法研究者、大学院生のための講演会（第1章「憲法における比例原則」）が、中央大学法科大学院市ヶ谷キャンパスで開催された。当日は、多数の大学から教員、大学院生の参加者（約40名）を得た。

　比例原則は、ドイツ基本権解釈論の最も重要なものであると同時に、世界中の多くの憲法裁判所ないし上級裁判所が、基本権が問題となる事案において様々な比例性の原理を用いている。何がこの比例性の原理の成果をもたらしたのか。本講演では、これを二つの段階で検証する。第一の段階では、比例性の

内容と、これに対する批判論が検討されている。第二の段階では、比例性の原理を採用したとされる連邦憲法裁判所の判例が具体的かつ詳細に分析されている。

前半の講演では、従来ドイツの基本権解釈論には見られなかったペーターゼン先生の比例性の原理に関する連邦憲法裁判所の判例の数量的な分析が注目された。また後半の1時間30分に及ぶ質疑応答では、各大学のドイツ憲法の研究者から詳細かつ具体的な質問があり、ペーターゼン教授に、日本におけるドイツ憲法、連邦憲法裁判所の判例、あるいは基本権解釈学研究の水準の高さを示すことになった。

10月2日、中央大学多摩キャンパスにおいて、「ドイツ行政法における比例原則の役割」(第2章)と題する講義が行われた。当日は、行政救済法を受講している学部3年生のほか、大学院生および教員ら併せて約80名の参加者を得た。

比例原則は、ドイツの警察法から生じた原則であるが、もともとは啓蒙主義に由来する考え方であることや、今日では、警察法領域における規制的な行政処分だけでなく、社会保障法領域などの給付行政における処分の統制のためにも用いられていることが明快に説明された。

1時間の講演の終了後、質疑においては大学院生だけでなく、学部の学生からも多くの質問がなされ、これに対してペーターゼン教授からは明快かつ丁寧な回答がなされた。質疑を通して、ドイツの行政裁判所が①目的適合性、②必要性、③相当性という比例原則の部分原則を厳密に適用することにより、行政処分の審査密度を高めていることなどについて、参加者は理解を深めることができたと思われる。

10月3日に法学部法律学科2年次以上の学生を主たる対象とする「家族法」の授業として講演「家族関係事件に対するヨーロッパ人権条約第8条の意義」(第3章)が、中央大学多摩キャンパスで行われた。当初10月1日に実施される予定であったが、台風の影響で授業が臨時休講になって繰り延実施された。

ペーターゼン教授と2017年夏にミュンスター市で面談した際に、中央大学

での講演・講義のうち一つは、同教授の専門領域の中からヨーロッパ人権裁判所の果たす役割についてお話しいただきたいと要請したところから実現した講義である。この講義には、「家族法」正規履修者のほか、法学研究科大学院生およびミュンスター大学からの交換留学生 Emi Buerger 氏も参加した。

この講演の内容は、ドイツ法におけるヨーロッパ人権条約の位置づけおよび民事裁判所にとっての意義を明らかにする部分と、ヨーロッパ人権条約がドイツの家族法領域の問題について、どのような影響を与えているかを講じる部分に二分できる。前半部分では、ヨーロッパ人権裁判所とドイツ国内裁判所との関係についても説明が行われた。前半の基本構造理解を踏まえて、後半では、婚外子の法的地位、父母が共同生活を行っていないときの実子に対する父母の法的地位、代理母をめぐる法的問題、同性パートナー関係および性同一性障害者のパートナー関係の四つのテーマについて、ヨーロッパ人権裁判所の判断が概観された。

本書には、以上の三つの講演のほか、これらの講演とともに、ペータゼン教授の現在の問題関心を示すものとして、国際法雑誌（Archiv des Völkerrechts 55 (2017), 98-114）に掲載された論文「意見表明の自由の制約としてのマイノリティ保護」（Der Schutz von Minderheiten als Schranke der Meinungsäußerungsfreiheit）の翻訳が掲載されている。

ペーターゼン教授は、憲法、国際人権法、ヨーロッパ法の分野において、ミュンスター大学のみならず、ドイツの憲法・公法学界の次代を担う研究者として高い評価を得ている（巻末著作目録参照）。本書は決して大部ではないが、このようなペーターゼン教授の研究のエッセンスを示すものである。

2019年6月3日

訳者を代表して

鈴木　博人

ニールス・ペーターゼン教授 著作目録

(2019 年 4 月 20 日現在)

Prof. Dr. Niels Petersen
Institut für internationales und vergleichendes öffentliches Recht

Schriftenverzeichnis
Stand : 4. 20. 2019

I. Monographien

1. *Proportionality and Judicial Activism : Fundamental Rights Adjudication in Canada, Germany and South Africa*, Cambridge : Cambridge University Press 2017
2. *Verhältnismäßigkeit als Rationalitätskontrolle : Eine rechtsempirische Studie verfassungsgerichtlicher Rechtsprechung zu den Freiheitsrechten*, Tübingen : Mohr Siebeck 2015
   Besprechungen : Ekkehard Hofmann, DVBl. 2016, 902–903 ; Franz Josef Lindner, BayVBl. 2016, 503–504
3. *Demokratie als teleologisches Prinzip : Zur Legitimität von Staatsgewalt im Völkerrecht*, Berlin, Heidelberg : Springer 2009
   Besprechungen : Frank Schorkopf, AVR 47 (2009), 536–537 ; Christian Pippan, EJIL 20 (2009), 1276–1282 ; ders., Friedenswarte 84 (2009), 125–128 ; Charlotte Steinorth, VRÜ 42 (2009), 595–598

II. Lehrbücher

1. *Deutsches und Europäisches Verfassungsrecht II : Grundrechte und Grundfreiheiten*, München : C.H. Beck 2019
2. *Economic Methods for Lawyers*, Cheltenham : Edward Elgar 2015 (mit Emanuel Towfigh ; mit Beiträgen von Markus Englerth, Sebastian Goerg, Stefan Magen, Alexander Morell und Klaus Ulrich Schmolke)
3. *Ökonomische Methoden im Recht : Eine Einführung für Juristen*, Tübingen : Mohr Siebeck 2010, 2. Aufl. 2017 (mit Emanuel Towfigh ; mit Beiträgen von Markus Englerth, Sebastian Goerg, Stefan Magen, Alexander Morell und Klaus Ulrich Schmolke)
   Besprechungen : Jochen Zenthöfer, FAZ v. 21. März 2011, S. 14 ; Patrick C. Leyens, JuS 2011, XVII

III. Herausgeberschaften

1. *The U.S. Supreme Court and Contemporary Constitutional Law : The Obama Era and Its Legacy*, Baden-Baden : Nomos 2018 (mit Anna-Bettina Kaiser und Johannes Saurer)
2. *Recht und Markt – Wechselbeziehungen zweier Ordnungen*, Baden-Baden : Nomos

2009 (mit Emanuel Towfigh, Klaus Ulrich Schmolke, Sebastian Lutz-Bachmann, Anne-Kathrin Lange und Holger Grefrath)
Besprechung : Richard Adams, DVBl. 2010, 965-966

IV. Aufsätze in Zeitschriften

1. Alexy and the "German" Model of Proportionality : Why the theory of constitutional rights does not provide a representative reconstruction of the proportionality test, *German Law Journal* 20 (2019), i.E.
2. Quantifying Constitutional Reasoning, in : *Zeitschrift für ausländisches öffentliches Recht und Völkerrecht* 79 (2019), i.E.
3. Gleichheitssatz und Einzelfallgerechtigkeit : Eine Rekonstruktion der gleichheitsrechtlichen Dogmatik durch einen Vergleich zur US-amerikanischen *equal protection* Doktrin, in : *Der Staat* 57 (2018), 327-355
4. The International Court of Justice and the Judicial Politics of Identifying Customary International Law, in : *European Journal of International Law* 28 (2017), 357-385
5. Der Schutz von Minderheiten als Schranke der Meinungsäußerungsfreiheit, in : *Archiv des Völkerrechts* 55 (2017), 98-114
6. Network Analysis and Legal Scholarship, in : *German Law Journal* 18 (2017), 696-700 (mit Emanuel Towfigh)
7. Legislative Inconsistency and the "Smoking Out" of Illicit Motives, in : *American Journal of Comparative Law* 64 (2016), 121-145
8. Balancing and Judicial Self-Empowerment : A case study on the rise of balancing in the jurisprudence of the German Federal Constitutional Court, in : *Global Constitutionalism* 4 (2015), 49-80
9. Wettbewerbsbehörden als subsidiäre Regulierungsbehörden, in : *Die Verwaltung* 48 (2015), 29-54
10. The German Constitutional Court and Legislative Capture, in : *International Journal of Constitutional Law* 12 (2014), 650-669
11. Proportionality and the Incommensurability Challenge in the Jurisprudence of the South African Constitutional Court, in : *South African Journal on Human Rights* 30 (2014), 405-429
12. Karlsruhe Not Only Barks, But Finally Bites – Some Remarks on the OMT Decision of the German Constitutional Court, in : *German Law Journal* 15 (2014), 321-327
13. Gesetzgeberische Inkonsistenz als Beweiszeichen – Eine rechtsvergleichende Analyse zur Funktion von Konsistenzargumenten in der Rechtsprechung, in : *Archiv des öffentlichen Rechts* 138 (2013), 108-134
14. Antitrust Law and the Promotion of Democracy and Economic Growth, in : *Journal of Competition Law & Economics* 9 (2013), 593-636
15. Avoiding the Common Wisdom Fallacy : The Role of Social Sciences in Constituti-

onal Adjudication, in : *International Journal of Constitutional Law* 11 (2013), 294–318

16. How to Compare the Length of Lines to the Weight of Stones – Balancing and the Resolution of Value Conflicts in Constitutional Law, in : *German Law Journal* 14 (2013), 1387–1408
17. Das Satzungsrecht von Körperschaften gegenüber Externen, in : *Neue Zeitschrift für Verwaltungsrecht* 2013, 841–846
18. Die Eingriffsdogmatik aus deutscher Perspektive : Der Grundrechtseingriff als Zurechnungskategorie, in : *Zeitschrift für öffentliches Recht* 67 (2012), 459–474
19. Determining the Domestic Effect of International Law through the Prism of Legitimacy, in : *Zeitschrift für ausländisches öffentliches Recht und Völkerrecht* 72 (2012), 223–259
20. Der arabische Frühling und das Recht auf Demokratie, in : *Friedenswarte* 87 (2012), 43–67
21. International Law, Cultural Diversity, and Democratic Rule – Beyond the Divide between Universalism and Relativism, in : *Asian Journal of International Law* 1 (2011), 149–163
22. Lawmaking by the International Court of Justice, in : *German Law Journal* 12 (2011), 1295–1316 ; ebenfalls abgedruckt in : Armin von Bogdandy & Ingo Venzke (Hg.), *International Judicial Lawmaking : On Public Authority and Democratic Legitimation in Global Governance*, Berlin : Springer 2012, 411–437
23. Braucht die Rechtswissenschaft eine empirische Wende? In : *Der Staat* 49 (2010), 435–455

    Besprechung : Jochen Zenthöfer, FAZ v. 21. März 2011, S. 14

    Replik : Ino Augsberg, Der Staat 51 (2012), 117–125
24. Demokratie und Grundgesetz – Veränderungen des Demokratieprinzips in Art. 20 Abs. 2 GG angesichts der Herausforderungen moderner Staatlichkeit, in : *Jahrbuch des öffentlichen Rechts der Gegenwart* 58 (2010), 137–171
25. How Rational is International Law? In : *European Journal of International Law* 20 (2009), 1247–1262
26. Rational Choice or Deliberation? – Customary International Law between Coordination and Constitutionalization, in : *Journal of Institutional and Theoretical Economics* 165 (2009), 71–85
27. The Principle of Democratic Teleology in International Law, in : *Brooklyn Journal of International Law* 34 (2008), 33–84
28. Customary Law without Custom? – Rules, Principles, and the Role of State Practice in International Norm Creation, in : *American University International Law Review* 23 (2008), 275–310

    Modifizierte deutsche Fassung : Der Wandel des ungeschriebenen Völkerrechts im

Zuge der Konstitutionalisierung, in : *Archiv des Völkerrechts* 46 (2008), 502-523

29. Der rechtliche Status des menschlichen Embryo in vitro : Das Recht der Europäischen Union, in : *Europarecht* 41 (2006), 340-369 (mit Silja Vöneky)
30. Die Haftung des Staates für das Handeln Privater, in : *Juristische Ausbildung* 28 (2006), 411-414
31. The Legal Status of the Human Embryo in vitro : General Human Rights Instruments, in : *Zeitschrift für ausländisches öffentliches Recht und Völkerrecht* 65 (2005), 447-466
32. Auf dem Weg zur zweckrationalen Relativität des Menschenwürdeschutzes, in : *Kritische Justiz* 37 (2004), 354-364
33. Drittbezogenheit der Amtspflicht und Drittschadensliquidation, in : *Die Öffentliche Verwaltung* 57 (2004), 700-703
34. Europäische Verfassung und europäische Legitimität – Ein Beitrag zum kontraktualistischen Argument in der Verfassungstheorie, in : *Zeitschrift für ausländisches öffentliches Recht und Völkerrecht* 64 (2004), 429-466
    Besprechung : Rudolf Logothetti, Zeitschriftenschau 10/2004, 5-6
35. Examensklausur ÖR – Die königlichen Kronjuwelen, in : *Juristische Ausbildung* 26 (2004), 416-423 (mit Thomas Diehn)
36. Europäische Grundrechte als Schranken der Grundfreiheiten, in : *Europäische Grundrechte Zeitschrift* 30 (2003), 693-698 (mit Stefan Kadelbach)
37. Die gemeinschaftsrechtliche Haftung für Verletzungen von Grundfreiheiten aus Anlass privaten Handelns, in : *Europäische Grundrechte Zeitschrift* 29 (2002), 213-220 (mit Stefan Kadelbach)

V. Beiträge in Sammel- und Tagungsbänden

1. Germany, in : Fulvio Maria Palombino (Hg.), Duelling for Supremacy : International Law vs. National Fundamental Principles : A Comparative Law Perspetive, Cambridge : Cambridge University Press 2019, i.E.
2. Outright Monetary Transactions and the Controversy about the Competencies of the European Central Bank, in : Bettina Heiderhoff & Ilaria Queirolo (Hg.), *Party Autonomy in European Private (and) International Law, vol. 3*, Rom : Aracne editrice 2019, i.E.
3. The Political Backlash against Free Trade : Towards a New Era of Economic Isolationism?, in : Henning Glaser (Hg.), *Order and Disorder in Geopolitics and Global Governance*, Baden-Baden : Nomos 2019, i.E.
4. The Role of Ideology in the Debate on the Democracy Deficit of the EU, in : Hennig Glaser (Hg.), *Law and Ideology*, Baden-Baden : Nomos 2019, i.E.
5. Proportionality in the Constitutional Jurisprudence on Fundamental Rights, in : Mads Andenas & Giuseppe Bianco (Hg.), *Proportionality in International Courts :*

Convergence in Law and Methods, Cambridge : Cambridge University Press 2019, i.E.

6. Das Bild des Bürgers in der Demokratietheorie, in : Andreas Funke & Klaus Ulrich Schmolke (Hg.), *Menschenbilder im Recht*, Tübingen : Mohr Siebeck 2019, i.E.
7. Evaluation of academic legal publications in Germany, in : Rob van Gestel & Andreas Lienhard (Hg.), *Evaluating Academic Legal Research in Europe : The advantage of lagging behind*, Cheltenham : Edward Elgar 2019, 88–103 (mit Kai Purnhagen)
8. Concepts, intérêts et valeurs dans l'interprétation du droit constitutionnel : rapport général, in : Association Henri Capitant (Hg.), *Concepts, intérêts et valeurs dans l'interprétation du droit positif : journées italiennes*, Paris : Bruylant 2018, 475–485
9. Introduction, in : Anna-Bettina Kaiser, Niels Petersen & Johannes Sauerer (Hg.), *The U.S. Supreme Court and Contemporary Constitutional Law : The Obama Era and Its Legacy*, Baden-Baden : Nomos 2018, 7–17 (mit Anna-Bettina Kaiser und Johannes Saurer)
10. The Principle of Non-Discrimination in the European Convention on Human Rights and in EU Fundamental Rights Law, in : Yumiko Nakanishi (Hg.), *Contemporary Issues in Human Rights Law : Europe and Asia*, Singapore : Springer 2018, 129–142
11. Asia and the Right to Democratic Governance, in : Ingwer Ebsen, Dirk Ehlers & Henning Glaser (Hg.), *Democracy, Constitution and Human Rights : Festschrift in Honour of Warawit Kanithasen*, Bangkok : CPG 2018, 340–370
12. Mondialisation et circulation des personnes : rapport général, in : Association Henri Capitant (Hg.), *La mondialisation : journées allemandes*, Paris : Bruylant 2017, 265–278
13. El control constitucional de las medidas contra el terrorismo, in : Martin Ibler & Ciro Nolberto Güechá Medina (Hg.), *Las tensiones entre libertad y seguridad*, Bogotá : Grupo Editorial Ibáñez 2017, 305–314
14. The Role of Consent and Uncertainty in the Formation of Customary International Law, in : Brian Lepard (Hg.), *Reexamining Customary International Law*, Cambridge : Cambridge University Press 2017, 111–130
15. Customary International Law and Public Goods, in : Curtis Bradley (Hg.), *Custom's Future : International Law in a Changing World*, Cambridge : Cambridge University Press 2016, 253–274
16. The Concept of Legal and Constitutional Pluralism, in : Joachim Englisch (Hg.), *International Tax Law : New Challenges to and from Constitutional and Legal Pluralism*, Amsterdam : IBFD 2016, 1–22
17. Tiers et droit public en Allemagne, in : Association Henri Capitant (Hg.), *Les tiers : journées panaméennes*, Paris : Bruylant 2016, 733–742
18. The Political Economy of Customary International Law, in : Alberta Fabbricotti

(Hg.), *The Political Economy of International Law : A European Perspective*, Cheltenham : Edward Elgar 2016, 47-61

19. Why lawyers should deal with Nudges, in : Alexandra Kemmerer, Christoph Möllers, Maximilian Steinbeis & Gerhard Wagner (Hg.), *Choice Architecture in Democracies : Exploring the Legitimacy of Nudging*, Baden-Baden : Nomos 2016, 343-344

20. Verfassungsgerichte als Wettbewerbshüter des politischen Prozesses, in : Dominik Elser u.a. (Hg.), *Das letzte Wort – Rechtsetzung und Rechtskontrolle in der Demokratie*, Baden-Baden : Nomos 2014, 59-78

21. Völkerrecht und Gewaltenteilung – Die aktuelle Rechtsprechung des U.S. Supreme Court zur innerstaatlichen Wirkung von völkerrechtlichen Verträgen, in : Christina Binder, Claudia Fuchs, Matthias Goldmann, Thomas Kleinlein & Konrad Lachmeyer (Hg.), *Völkerrecht im innerstaatlichen Bereich*, Wien : facultas.wuv 2010, 49-63

22. Anforderungen des Völkerrechts an die Legitimation politischer Entscheidungen – Zwischen *domaine réservé* und *right to democratic governance*, in : Silja Vöneky, Cornelia Hagedorn, Miriam Clados & Jelena von Achenbach (Hg.), *Legitimation ethischer Entscheidungen im Recht – Interdisziplinäre Untersuchungen*, Berlin, Heidelberg : Springer 2009, 173-189

23. Regelungsvorschläge zum Schutz menschlicher extrakorporaler Embryonen im Völker-und Europarecht, in : Giovanni Maio (Hg.), *Der Status des extrakorporalen Embryos*, Stuttgart : Frommann Holzboog 2006, 619-656 (mit Silja Vöneky und Nicolas Nohlen)

24. The Democracy Concept of the European Union : Coherent Constitutional Principle or Prosaic Declaration of Intent?, in : Philip Dann & Michal Rynkowski (Hg.), *The Unity of the European Constitution*, Berlin, Heidelberg : Springer 2006, 97-118 ; ebenfalls abgedruckt in : *German Law Journal* 6 (2005), 1507-1526

VI. Beiträge in Enzyklopädien und Handbüchern

1. Armed Conflicts, Effect on Contracts, in : Rüdiger Wolfrum (Hg.), *Max Planck Encyclopedia of Public International Law, Volume 1*, Oxford : Oxford University Press 2012, 600-606

2. Elections, Right to Participate in, International Protection, in : Rüdiger Wolfrum (Hg.), *Max Planck Encyclopedia of Public International Law, Volume 3*, Oxford : Oxford University Press 2012, 370-377

3. Human Dignity, International Protection, in : Rüdiger Wolfrum (Hg.), *Max Planck Encyclopedia of Public International Law, Volume 4*, Oxford : Oxford University Press 2012, 1013-1021

4. Liberty, Right to, International Protection, in : Rüdiger Wolfrum (Hg.), *Max Planck*

Encyclopedia of Public International Law, Volume 6, Oxford: Oxford University Press 2012, 856–862

5. Life, Right to, International Protection, in: Rüdiger Wolfrum (Hg.), *Max Planck Encyclopedia of Public International Law*, Volume 6, Oxford: Oxford University Press 2012, 865–873
6. Globalisierungsforschung in Kultur-und Sozialwissenschaft: Rechtswissenschaft, in: Andreas Niederberger & Philipp Schink (Hg.), *Globalisierung. Ein interdisziplinäres Handbuch*, Stuttgart: Verlag J.B. Metzler 2011, 122–131

VII. Tagungs- und Studienberichte

1. Recht und Markt: Zwischen rechtlicher Regulierung der Wirtschaft und Ökonomisierung des Rechts, in: Marcel Dalibor u.a. (Hg.), *Perspektiven des öffentlichen Rechts. Festgabe 50 Jahre Assistententagung Öffentliches Recht*, Baden-Baden: Nomos 2012, 553–563 (mit Emanuel Towfigh, Holger Grefrath, Anne-Kathrin Lange, Sebastian Lutz-Bachmann, Klaus Ulrich Schmolke und Kristina Schönfeldt)
2. Wissen und Legitimität – Die Eröffnungsveranstaltung zum Karlsruher Dialog zum Informationsrecht, in: *Deutsches Verwaltungsblatt* 2009, 1027
3. Freiheit, Sicherheit, Öffentlichkeit – Die 48. Assistententagung öffentliches Recht vom 26. bis zum 29. Februar in Heidelberg, in: *Die öffentliche Verwaltung* 61 (2008), 591–594 (mit Emanuel Towfigh)
4. Die Kodifikation des chinesischen Sachenrechts. Zu zwei Symposien zum chinesischen Sachenrecht am 13./14.09.2005 in Chengdu sowie am 31.10./01.11.2005 in Peking, in: *Zeitschrift für chinesisches Recht* 13 (2006), 151–153 (mit Hinrich Julius)
5. Studieren in Genf – Das Certificat de droit transnational (CDT), in: *Juristische Ausbildung* 23 (2001), 634–636 (mit Thomas Diehn)

VIII. Rezensionen

1. Ulrich Vosgerau, Staatliche Gemeinschaft und Staatengemeinschaft: Grundgesetz und Europäische Union im internationalen öffentlichen Recht der Gegenwart, in: *Archiv des Völkerrechts* 55 (2017), 262–264
2. Isabelle Ley, Opposition im Völkerrecht, in: *Archiv des Völkerrechts* 53 (2015), 275–277
3. Marc Jacob, Precedents and Case-based Reasoning in the European Court of Justice & Valériane König, Präzedenzwirkung internationaler Schiedssprüche, in: *European Journal of International Law* 25 (2014), 1205–1208
4. Frithjof Ehm, Das völkerrechtliche Demokratiegebot, in: *MenschenRechtsMagazin* 18 (2013), 59–60
5. Brian Lepard, Customary International Law: A New Theory with Practical Applications, in: *European Journal of International Law* 21 (2010), 795–797

ニールス・ペーターゼン教授 著作目録 105

6. Robert Pfeffer, Das Verhältnis von Völkerrecht und Landesrecht: Eine kritische Betrachtung alter und neuer Lehren unter besonderer Berücksichtigung der Europäischen Menschenrechtskonvention, in: *Archiv des Völkerrechts* 47 (2009), 529-533
7. Atchou Essousso, Demokratieförderung – Politik gestalten oder beraten? & Annette Jünemann und Michèle Knodt (Hg.), Externe Demokratieförderung durch die Europäische Union, in: *Verfassung und Recht in Übersee* 42 (2009), 118-121
8. Dorothee Maurmann, Rechtsgrundsätze im Völkerrecht am Beispiel des Vorsorgeprinzips, in: *Archiv des Völkerrechts* 47 (2009), 248-250
9. Christoph Antons und Volkmar Gessner (Hg.), Globalisation and Resistance – Law Reform in Asia since the Crisis, in: *Verfassung und Recht in Übersee* 41 (2008), 94-99
10. Ian Shapiro, The State of Democratic Theory, in: Global Law Books, 3. März 2007, http://www.globallawbooks.org/reviews/detail.asp?id=332
11. Georg Nolte und Hans-Ludwig Schreiber (Hg.), Der Mensch und seine Rechte. Grundlagen und Brennpunkte der Menschenrechte zu Beginn des 21. Jahrhunderts, in: *Zeitschrift für ausländisches öffentliches Recht und Völkerrecht* 64 (2004), 856-858
12. Peter Heller, Who Will Pay? Coping with Aging Societies, Climate Change and Other Long-Term Fiscal Challenges, in: *Zeitschrift für ausländisches öffentliches Recht und Völkerrecht* 64 (2004), 851-853
13. Friedrich Müller, Demokratie zwischen Staatsrecht und Weltrecht. Nationale, staatlose und globale Formen menschenrechtsgestützter Demokratisierung, in: *Zeitschrift für ausländisches öffentliches Recht und Völkerrecht* 64 (2004), 508-511

著者略歴

ニールス・ペーターゼン（Niels Petersen）
ミュンスター大学公法、国際法及びヨーロッパ法並びに経験法学担当教授
- 2004 年　マックス・プランク公法・国際法研究所研究助手
- 2006 年　ニューヨーク大学ロースクール訪問博士研究員
- 2007 年　マックス・プランク公共財研究所上席研究員
- 2008 年　フランクフルト大学　法学博士（博士論文：「目的論的原理としての民主制：国際法における国家権力の正統性」）
- 2010 年　コロンビア大学　文学修士（社会科学における定量的研究）
- 2012 年　ニューヨーク大学ロースクール　エミール・ネール奨学研究員，ハウザー奨学研究員
- 2014 年　ボン大学　教授資格（教授資格論文：「合理性の統制としての比例原則」）
- 2015 年　ミュンスター大学公法、国際法及びヨーロッパ法並びに経験法学担当教授
- 2017 年　オークランド大学法学部客員教授

フェリックス・フシャール（Felix Fouchard）
ミュンスター大学公法、国際法及びヨーロッパ法並びに経験法学講座研究助手
- 2014 年　パリ東クレテイユ大学　国際法・ヨーロッパ法修士
- 2015 年　マインツ大学　法学修士（ドイツ法・フランス法）取得（修士論文：「ドイツとフランスにおける政党助成の法的取り扱い」）
- 2016 年　第一次国家試験（ラインラント＝プファルツ州）

訳者紹介（執筆順）

柴田憲司（しばたけんじ）　　中央大学法学部准教授
德本広孝（とくもとひろたか）　中央大学法学部教授
鈴木博人（すずきひろひと）　中央大学法学部教授
小野寺邦広（おのでらくにひろ）　日本比較法研究所嘱託研究所員

ニールス・ペーターゼン教授講演集
公法における比例原則と家族法における
ヨーロッパ人権条約の機能

日本比較法研究所翻訳叢書（84）

2019年12月16日　初版第1刷発行

訳　者　柴　田　憲　司
　　　　德　本　広　孝
　　　　鈴　木　博　人
　　　　小野寺　邦　広
発行者　間　島　進　吾

発行所　中央大学出版部
〒192-0393
東京都八王子市東中野742-1
電話 042 (674) 2351・FAX 042 (674) 2354
http://www.2.chuo-u.ac.jp/up/

©2019　　ISBN 978-4-8057-0385-4　　株式会社 TOP印刷

本書の無断複写は、著作権法上での例外を除き、禁じられています。
複写される場合は、その都度、当発行所の許諾を得てください。

日本比較法研究所翻訳叢書

0	杉山直治郎訳	仏蘭西法諺	B6判 (品切)
1	F. H. ローソン 小堀憲助他訳	イギリス法の合理性	A5判 1200円
2	B. N. カドーゾ 守屋善輝訳	法の成長	B5判 (品切)
3	B. N. カドーゾ 守屋善輝訳	司法過程の性質	B6判 (品切)
4	B. N. カドーゾ 守屋善輝訳	法律学上の矛盾対立	B6判 700円
5	P. ヴィノグラドフ 矢田一男他訳	中世ヨーロッパにおけるローマ法	A5判 (品切)
6	R. E. メガリ 金子文六他訳	イギリスの弁護士・裁判官	A5判 1200円
7	K. ラーレンツ 神田博司他訳	行為基礎と契約の履行	A5判 (品切)
8	F. H. ローソン 小堀憲助他訳	英米法とヨーロッパ大陸法	A5判 (品切)
9	I. ジュニングス 柳沢義男他訳	イギリス地方行政法原理	A5判 (品切)
10	守屋善輝編	英米法諺	B6判 3000円
11	G. ボーリー他 新井正男他訳	〔新版〕消費者保護	A5判 2800円
12	A. Z. ヤマニー 真田芳憲訳	イスラーム法と現代の諸問題	B6判 900円
13	ワインスタイン 小島武司編訳	裁判所規則制定過程の改革	A5判 1500円
14	カペレッティ編 小島武司編訳	裁判・紛争処理の比較研究(上)	A5判 2200円
15	カペレッティ 小島武司他訳	手続保障の比較法的研究	A5判 1600円
16	J. M. ホールデン 高窪利一監訳	英国流通証券法史論	A5判 4500円
17	ゴールドシュテイン 渥美東洋監訳	控えめな裁判所	A5判 1200円

日本比較法研究所翻訳叢書

18	カペレッティ編／小島武司編訳	裁判・紛争処理の比較研究(下)	A5判 2600円
19	ドゥローブニク他編／真田芳憲他訳	法社会学と比較法	A5判 3000円
20	カペレッティ編／小島・谷口編訳	正義へのアクセスと福祉国家	A5判 4500円
21	P.アーレンス編／小島武司編訳	西独民事訴訟法の現在	A5判 2900円
22	D.ヘーンリッヒ編／桑田三郎編訳	西ドイツ比較法学の諸問題	A5判 4800円
23	P.ギレス編／小島武司編訳	西独訴訟制度の課題	A5判 4200円
24	M.アサド／真田芳憲訳	イスラームの国家と統治の原則	A5判 1942円
25	A.M.プラット／藤本・河合訳	児童救済運動	A5判 2427円
26	M.ローゼンバーグ／小島・大村訳	民事司法の展望	A5判 2233円
27	B.グロスフェルト／山内惟介訳	国際企業法の諸相	A5判 4000円
28	H.U.エーリヒゼン／中西又三編訳	西ドイツにおける自治団体	A5判 (品切)
29	P.シュロッサー／小島武司編訳	国際民事訴訟の法理	A5判 (品切)
30	P.シュロッサー他／小島武司編訳	各国仲裁の法とプラクティス	A5判 1500円
31	P.シュロッサー／小島武司編訳	国際仲裁の法理	A5判 1400円
32	張晋藩／真田芳憲監修	中国法制史(上)	A5判 (品切)
33	W.M.フライエンフェルス／田村五郎編訳	ドイツ現代家族法	A5判 (品切)
34	K.F.クロイツァー／山内惟介監修	国際私法・比較法論集	A5判 3500円
35	張晋藩／真田芳憲監修	中国法制史(下)	A5判 3900円

日本比較法研究所翻訳叢書

36	G. レジエ 他 山野目章夫他訳	フランス私法講演集	A 5 判 1500円
37	G. C. ハザード 他 小島武司編訳	民事司法の国際動向	A 5 判 1800円
38	オトー・ザンドロック 丸山秀平編訳	国際契約法の諸問題	A 5 判 1400円
39	E. シャーマン 大村雅彦編訳	ＡＤＲと民事訴訟	A 5 判 1300円
40	ルイ・ファボルー他 植野妙実子編訳	フランス公法講演集	A 5 判 3000円
41	S. ウォーカー 藤本哲也監訳	民衆司法──アメリカ刑事司法の歴史	A 5 判 4000円
42	ウルリッヒ・フーバー他 吉田 豊・勢子訳	ドイツ不法行為法論文集	A 5 判 7300円
43	スティーヴン・L ペパー 住吉 博編訳	道徳を超えたところにある法律家の役割	A 5 判 4000円
44	W. マイケル・リースマン他 宮野洋一他訳	国家の非公然活動と国際法	A 5 判 3600円
45	ハインツ・D. アスマン 丸山秀平編訳	ドイツ資本市場法の諸問題	A 5 判 1900円
46	デイヴィド・ルーバン 住吉 博編訳	法律家倫理と良き判断力	A 5 判 6000円
47	D. H. ショイイング 石川敏行監訳	ヨーロッパ法への道	A 5 判 3000円
48	ヴェルナー・F. エブケ 山内惟介編訳	経済統合・国際企業法・法の調整	A 5 判 2700円
49	トビアス・ヘルムス 野沢・遠藤訳	生物学的出自と親子法	A 5 判 3700円
50	ハインリッヒ・デルナー 野沢・山内編訳	ドイツ民法・国際私法論集	A 5 判 2300円
51	フリッツ・シュルツ 眞田芳憲・森 光訳	ローマ法の原理	A 5 判 (品切)
52	シュテファン・カーデルバッハ 山内惟介編訳	国際法・ヨーロッパ公法の現状と課題	A 5 判 1900円
53	ペーター・ギレス 小島武司編	民事司法システムの将来	A 5 判 2600円

日本比較法研究所翻訳叢書

54	インゴ・ゼンガー 古積・山内編訳	ドイツ・ヨーロッパ民事法の今日的諸問題	A5判 2400円
55	ディルク・エーラース 山内・石川・工藤編訳	ヨーロッパ・ドイツ行政法の諸問題	A5判 2500円
56	コルデュラ・シュトゥンプ 楢崎・山内編訳	変革期ドイツ私法の基盤的枠組み	A5判 3200円
57	ルードフ・V.イエーリング 眞田・矢澤訳	法学における冗談と真面目	A5判 5400円
58	ハロルド・J.バーマン 宮島直機訳	法 と 革 命 Ⅱ	A5判 7500円
59	ロバート・J.ケリー 藤本哲也監訳	アメリカ合衆国における組織犯罪百科事典	A5判 7400円
60	ハロルド・J.バーマン 宮島直機訳	法 と 革 命 Ⅰ	A5判 8800円
61	ハンヅ・D.ヤラス 松原光宏編	現代ドイツ・ヨーロッパ基本権論	A5判 2500円
62	ヘルムート・ハインリッヒス他 森 勇訳	ユダヤ出自のドイツ法律家	A5判 13000円
63	ヴィンフリート・ハッセマー 堀内捷三監訳	刑罰はなぜ必要か 最終弁論	A5判 3400円
64	ウィリアム・M.サリバン他 柏木昇他訳	アメリカの法曹教育	A5判 3600円
65	インゴ・ゼンガー 山内・鈴木編訳	ドイツ・ヨーロッパ・国際経済法論集	A5判 2400円
66	マジード・ハッドゥーリー 眞田芳憲訳	イスラーム国際法 シャイバーニーのスィヤル	A5判 5900円
67	ルドルフ・シュトラインツ 新井誠訳	ドイツ法秩序の欧州化	A5判 4400円
68	ソーニャ・ロートエルメル 只木誠監訳	承諾, 拒否権, 共同決定	A5判 4800円
69	ペーター・ヘーベルレ 畑尻・土屋編訳	多元主義における憲法裁判	A5判 5200円
70	マルティン・シャウアー 奥田安弘訳	中東欧地域における私法の根源と近年の変革	A5判 2400円
71	ペーター・ゴットバルト 二羽和彦編訳	ドイツ・ヨーロッパ民事手続法の現在	A5判 2500円

日本比較法研究所翻訳叢書

No.	著者・訳者	書名	判型・価格
72	ケネス・R.ファインバーグ 伊藤壽英訳	大惨事後の経済的困窮と公正な補償	A5判 2600円
73	ルイ・ファヴォルー 植野妙実子監訳	法にとらわれる政治	A5判 2300円
74	ペートラ・ポールマン 山内惟介編訳	ドイツ・ヨーロッパ保険法・競争法の新展開	A5判 2100円
75	トーマス・ヴュルテンベルガー 畑尻剛編訳	国家と憲法の正統化について	A5判 5100円
76	ディルク・エーラース 松原光宏編訳	教会・基本権・公経済法	A5判 3400円
77	ディートリッヒ・ムルスヴィーク 畑尻剛編訳	基本権・環境法・国際法	A5判 6400円
78	ジェームズ・C・ハウエル他 中野目善則訳	証拠に基づく少年司法制度構築のための手引き	A5判 3700円
79	エイブラム・チェイズ他 宮野洋一監訳	国際法遵守の管理モデル	A5判 7000円
80	トーマス・ヘェーレン編 山内惟介編訳	ミュンスター法学者列伝	A5判 6700円
81	マティアス・カスパー 小宮靖毅編訳	コーポレート・ガバナンス、その現下の課題	A5判 1300円
82	エリック・ヒルゲンドルフ 髙橋直哉訳	医事刑法入門	A5判 3100円
83	ピエール=イヴ・モンジャル 西海・兼頭訳	欧州連合・基本権・日欧関係	A5判 1600円

＊価格は本体価格です。別途消費税が必要です